veut pas savoir de soi-même finit par arriver de l'extérieur sous forme de destin. »

C'est un grand bonheur ...

développement ...

J'y ai tou...

l'aventure : d...

avec toutes ...

l'accessoire, ralentir la pollution et l'épuisement des ressources, accepter une limite, accept[illegible] le[illegible] combien utile de nos [illegible] moyen efficace à [illegible] uniser un peu [illegible]

[illegible] vie en pleine conscience

Développement personnel, psychothérapies, spiritualité

Les frontières entre ces trois domaines constituent un débat [illegible], marqué par une culture cartésienne qui [illegible] ranger chaque chose dans un tiroir étanche ! Que de querelles stériles !... Pour avoir voyagé quelque peu dans divers pays, je [illegible] qu'il y a beaucoup moins d'importance ailleurs.

Mais [illegible] le développement [illegible] à mes yeux une démarche d'apprentissage, soit en [illegible] simplement par la vie, afin de mieux [illegible] à son être intérieur, aux autres et à la nature, comme [illegible] plus [illegible] de [illegible]

[illegible]

Le Livre Blanc du Développement Personnel

Sous la direction de Yves Michel

éditions
LE SOUFFLE D'OR

www.souffledor.fr

Illustration et montage couverture : Valérie Leblanc
Mise en page : SIR
Impression et façonnage : Laballery – Clamecy (58)
Imprimé sur papier recyclé cocoon 90g

Dépôt légal : mai 2018
ISBN : 978 2 84058 611 1

éditions LE SOUFFLE D'OR

5, allée du Torrent – 05000 Gap
Tél. : 04 92 65 52 24
www.souffledor.fr

Sommaire

Introduction

L'idée a germé au cours d'une réunion d'équipe : rédiger *un Livre Blanc du Développement Personnel,* à décliner sous plusieurs formes : une version papier, une électronique, et peut-être des Mooc. C'est vrai, après 35 ans d'édition et de précurseur dans ce domaine, nous en avons bien la légitimité. Histoire de poser une pierre blanche sur le chemin, un jalon à l'adresse de celles et ceux qui viendront après nous, et aussi de celles et ceux qui sont perplexes devant cette nébuleuse que peut sembler le monde du « D.P. » ; également l'occasion de prendre un peu de recul pour nous qui en sommes les acteurs au quotidien.

J'ai fait appel à des auteurs maison, tout en reconnaissant que bien d'autres auraient tout autant leur mot à dire. Vous découvrirez des textes très divers, autant que les horizons d'où proviennent leurs auteur.e.s : je revendique ce qui est un peu une marque de fabrique au Souffle d'Or, la diversité. À mes yeux, nous portons chacun.e une pièce du gigantesque puzzle qu'est l'humanité, et ça en fait sa beauté, sa résilience aussi ; et nous pouvons à chaque rencontre agencer, articuler ces pièces d'une nouvelle façon, à notre gré.

J'ai toujours œuvré pour rapprocher les points de vue et provoquer des débats, des échanges, pour éviter les querelles de chapelles, et je sais combien c'est fréquent chez les humains… Je suis fier d'avoir comme auteur.e.s des gens immensément riches, de vrais découvreurs, et en même temps tellement différents…

Ce *Livre Blanc* se veut une contribution à la construction d'un monde plus humain, plus écologique, plus riche de valeurs féminines, un contrepoint à la tendance matérialiste consumériste de notre société ; je vous souhaite de le lire dans un cadre paisible et d'en tirer une substantifique moelle qui vous apporte une inspiration féconde dans votre vie !

Yves Michel

L'histoire et le devenir du développement personnel, les apports de la psychologie humaniste et transpersonnelle, les perspectives.

Edouard Stacke

Edouard STACKE, 73 ans, psychosociologue, consultant-coach international, fondateur de 100 Ways, société de conseil, coaching et formation. Auteur, conférencier, ancien chargé de cours des Universités (Paris V, Montréal).

Président de l'Association de promotion de la respirologie et de l'Éducation à la santé (A.P.R.E.S.), membre de l'International Coach Federation, de Sietar France et de la Guilde des Consultants Russes.

Émergé aux USA **dans les années 60, le mouvement de développement du potentiel humain** intègre les « Soft Technologies », les « médecines douces », les diverses formes de quêtes spirituelles, les modes de vie alternatifs avec une intégration dans la nature (dans cette période, plusieurs millions d'Américains sont sortis du système administratif, pour lutter contre la société de consommation massive omniprésente). En France, le premier livre de l'anthropologue Edward T. Hall, *La dimension cachée*, a été traduit et publié seulement en 1971 par Le Seuil. La psychanalyse tenait le haut du pavé dans les colloques scientifiques et la relation au corps était massivement frileuse et très intellectuelle. Membre de l'Association Internationale des Thérapies relationnelles, avec le Dr Jacques Donnars, psychanalyste ouvert et aussi acupuncteur et ostéopathe, et de nombreux psychiatres et psychanalystes, je participe de 1970 à 1972, à des séances mensuelles de psychodrame et de dynamique de groupe. Le Dr Roland Cahen, traducteur de Jung, lors d'une rencontre, m'apostrophe : « vous ne pouvez pas vous contenter de ne vous occuper que du corps ». Bref la dichotomie est la règle et l'approche globale, l'exception. Je suis un jeune kinésithérapeute depuis septembre 1968, mais j'ai vécu dix-huit mois en Polynésie (1965-1966), avec le tamouré des vahinés, la plongée et le rugby avec des Polynésiens manifestant une incarnation remarquable. De plus, apprenant la langue et observant les comportements locaux, j'observe l'importance accordée à l'observation, au silence, et aux signaux non verbaux par les autochtones.

Fils de paysans slaves, mon rapport au corps est plus proche de celui des Polynésiens que des Français séjournant en Polynésie.

En 1968, ma rencontre avec Taisen Deshimaru, introducteur du bouddhisme zen en France, qui m'enseigne les bases du Shiatsu, me prépare à la rencontre du Japon, où je séjournerai 3 mois en immersion dans une famille à Tokyo, et en stage d'Acupuncture et de Shiatsu. J'observe cette fois-ci les comportements des Japonais, où l'ancrage dans le corps, la présence à soi-même est la règle. Les arts martiaux font partie de l'éducation de tous. Il y a d'ailleurs 1 million de ceintures noires de judo. Dans les campagnes, lors de mes escapades de week-end, j'observe les gestes mesurés des paysans et des commerçants. La concentration tranquille est la règle.

Puis, dans la rencontre autour de la pensée chinoise et de la médecine traditionnelle chinoise, je retrouve l'approche globale de l'être humain que j'ai découverte au Japon, où le corps énergétique, l'esprit et la spiritualité ne sont pas dissociés.

Un autre exemple livresque : le merveilleux livre d'Ashley Montagu, *Touching*, publié en 1971 aux USA, est devenu « La peau et le toucher » dans l'édition française du Seuil, en 1979.

Un découvreur précoce a accéléré les découvertes en développement personnel. En 1969, **Tan Ngyuen**, alors âgé de 25 ans, arrive aux États-Unis pour suivre un cursus à l'Université d'Harvard.

« Il découvre un pays profondément divisé par la guerre du Vietnam et en pleine remise en question de ses valeurs. Comme dans toute période de bouleversement, il y a une émergence de nouvelles valeurs dans le monde de la musique, de l'art et littérature, et aussi de la psychologie. L'étudiant découvre en Californie l'Institut Esalen, un lieu de rêve, au bord d'une falaise. C'était le centre des nouvelles recherches sur une psychologie qui intègre la dimension du corps, des émotions, et les pratiques de l'intériorité orientales et occidentales : la psychologie humaniste. Il s'initie aux travaux de Carl Rogers, Abraham Maslow, Frederick Perls, Roberto Assagioli. Les praticiens de la psychologie humaniste de l'époque ressentaient que de nouvelles formes de relations humaines pouvaient rendre le monde meilleur et plus uni.

Son diplôme de master à Harvard en poche, il revient en France en 1971. À l'époque, à l'exception de la psychanalyse, du psychodrame, et des groupes à interaction verbale, il n'existait quasiment rien d'autre. Avec l'aide de quelques amis, il introduit les thérapies psycho-corporelles en invitant en France les thérapeutes anglo-saxons praticiens de l'analyse bioénergétique et des thérapies émotionnelles. Il démarre sa propre pratique en 1972, et s'associe avec le docteur Michel Meignant et Danielle Dézard pour appliquer cette perspective aux thérapies de couple, une toute nouvelle discipline. » (Origines et historique du Centre Source : www.psychosynthèse.com).

J'ai rencontré Tan Nguyen, en 1975, avec Serge Ginger, avant que celui-ci ne fonde l'École parisienne de Gestalt. Tan m'a orienté vers la formation en Gestalt avec le Dr Eileen Walkenstein (Psychiatre de New York). Nous fonderons avec Tan et un autre collègue, Raphaël Biaggi, l'Association française de psychologie transpersonnelle et participerons ensemble au Congrès mondial à Zinal en 1985, avec le Dalaï-Lama, le Dr Stan Grof, Fritchof Capra, le physicien.

La psychologie humaniste, c'est à ce moment-là, un extraordinaire mouvement ouvert, très décloisonné et très fécond, où chacun expérimente et se forme à tour de bras, mais aussi partage ses expériences avec son réseau. La période est exceptionnelle. Les artistes ont accès à d'autres cultures. Les Beatles jouent avec Ravi Shankar, dès 1967, qui lui-même joue avec sir Yéhudi Ménuhin. Béjart lance, en 1970, Mudra, son école de danse moderne au Théâtre de la Monnaie à Bruxelles, où tous les danseurs ont des cours de yoga et de danse indienne, avec Savitri Naïr (qui fera la musique du film du Dr Leboyer *Naissance sans violence*) puis quand Béjart transfère son école en suisse, des cours de kendo, l'escrime japonaise.

Le living Dance Théâtre fait ses performances. En 1976, Bob Wilson produit son extraordinaire spectacle *Einstein on the beach*, avec la musique de Phil Glass. Les professionnels de la santé explorent les médecines alternatives. Jeune kiné, rentré du Japon (avec la délégation japonaise des acupuncteurs venant participer au congrès mondial d'acupuncture en avril 1969), où j'ai appris l'acupuncture, le shiatsu et la méditation zen, j'explore le yoga, l'aïkido, le bouddhisme tibétain avant de me lancer dans l'apprentissage puis l'enseignement du tai-chi-chuan, avec un groupe de collègues kinés, ostéopathes et acupuncteurs.

Il y a une effervescence incroyable et un mélange de techniques, de méthodes. Les frontières sont poreuses. L'Université de Vincennes accueille les enseignements du très décrié et rebelle Médecin et sexologue Michel Meignant.

1977, c'est la période de la création de l'Espace des Possibles (Charentes-Maritimes), incroyable laboratoire d'expérimentation sociale, dont la force créatrice n'a jamais faibli, depuis 40 ans.

En 1979, le réfugié brésilien Augusto Boal, directeur de théâtre développe le « Théâtre de l'opprimé », cher à Jérôme Liss. C'est la période de l'Actor Studio à New York, de Grotowski, extraordinaire directeur d'acteurs, en Pologne.

Dans la décennie 1975-1985, c'est la déferlante des « nouvelles thérapies », avec dix millions de Français qui auront exploré le développement personnel. Edmond Marc, journaliste à *Psychologies*, devenu depuis Dr en Psychologie clinique, a publié un excellent *Guide pratique des Psychothérapies* aux Éditions Retz, qui aide à se repérer dans ce bouillonnement d'expériences. J'ai créé dans cette période, avec une équipe, l'Institut EVEIL, qui va organiser en France, dès 1978 et au Québec, à partir de 1981, des rencontres avec des experts français et étrangers et des formations de thérapeutes psycho-corporelles, pour près de 3 000 professionnels de la santé. J'ai personnellement été formé par une dizaine de psychiatres étrangers, dont le Dr Rafaël Estradavilla et le Dr Claudio Naranjo. J'ai pu en parallèle lancer la collection Éveil avec les Éditions Le Jour au Québec et publier en français, Ken Dytchwald, *L'homme nouveau*, 1983, Claudio Naranjo, *Le voyage vers la guérison*, 1984, *Le paradigme Holographique* de Ken Wilber, 1984, Michaël Hutchinson, *Les bains flottants*, 1985, Craig Brod, *Technostress*, 1985 et de Jean Houston, *Psy-jeux*, 1984 et *L'homme en devenir*, 1986.

Née en 1979, l'Association française de psychologie humaniste (AFPH) s'est développée à partir de l'action commune d'une cinquantaine de psychothérapeutes, dont le Dr Jérôme Liss (psychiatre américain, spécialiste de bioénergie), le Dr Hubert Bidault (psychiatre et gestaltiste), Marie Petit (psychothérapeute gestaltiste), Jacques de Panafieu, Pascal Baudry, l'unique ingénieur de la bande, Dominique Levadoux, (psychothérapeute, spécialiste de Rebirth), Michael Gradwell, Olivier Devillard, (psychothérapeute), Vincent Leenhardt (Dr en Psychologie), avec Michel Fourcade, fondateur du CDPH, porteurs de la bioénergie, Daniel Grangean et votre serviteur. L'AFPH sera l'embryon du développement de la Psychologie humaniste, largement épaulée par la revue *Psychologies* de l'époque.

En 1981, nous avons eu à Paris, le Congrès européen de psychologie humaniste,

avec la participation d'Edgar Morin et de TF1, avec près de cinq cents participants. Les départements de sciences humaines s'ouvrent à l'enseignement de la psychologie humaniste, dont Paris 7 Censier, qui intègrent beaucoup de techniques psycho-corporelles.

L'alternative à la Psychanalyse classique est attractive. Dans les groupes de développement personnel, on pleure, on rugit, on frappe les matelas avec la raquette, on découvre la richesse des sensations du massage californien, on hyperventile avec le rebirth, etc. En d'autres termes, le corps est réinvesti massivement, avec la force du vécu des émotions et des sensations. Il n'y a pas encore le concept d'intelligence émotionnelle, puisque les livres de Daniel Goleman ne sont pas encore traduits en français. Ce sera pour les années 2000, avec un véritable succès mondial.

Le Centre Source (Paris) que Tan Nguyen a créé en 1974, continue de faire fonction de passeur des approches de l'être humain en faisant connaître des créateurs de méthodes : Paul Rebillot, pour son célèbre *Voyage du Héros*, inspiré de l'œuvre de Joseph Campbel, à laquelle l'INREES rend hommage le 9 septembre. (1931-2010 +), Gerda Boyesen (1922-2005 +), Rolando Toro (1924-2010 +), le Dr Richard Moss. Le Centre a joué un rôle pionnier en introduisant en 1983-84 (en association avec Edouard Stacke) : le Dr Stanislav Grof, le Dr Claudio Naranjo, l'anthropologue Michael Harner (à l'origine du renouveau de l'intérêt pour les pratiques chamaniques traditionnelles amérindiennes).

Depuis 1987, j'ai fait le choix d'aller plus près des bien portants, dans les entreprises, inviter les managers à créer de meilleures conditions de travail, à faire progresser les gens, tout au long de leur carrière, à libérer leurs potentiels, à gagner en autonomie. J'ai pu explorer avec des milliers de managers dans trente pays de la planète, l'importance d'être cohérent, de bien se connaître, d'assumer ses peurs pour les dépasser, de développer son libre arbitre, de s'ouvrir aux autres dans des relations constructives, de savoir jouer collectif, au-delà de l'intérêt personnel immédiat. (Voir mon livre *La liberté de s'accomplir* aux Éditions Le Souffle d'Or.) L'humain est en devenir. Il lui appartient de se découvrir, pour déployer toutes ses richesses, se dégager de ses limites et de ses freins, tout au long de sa vie, dans tous les compartiments de sa vie personnelle, professionnelle et sociale.

C'est ainsi que l'on pourra recréer du lien social, du savoir mieux vivre ensemble, en partageant des valeurs et des projets communs, alors que les sociétés modernes, et encore pire dans les grandes agglomérations, se fragmentent, s'étiolent, et laissent les individus dans l'isolement et le sentiment de solitude profonde, livrés à eux-mêmes.

Le travail est une merveilleuse opportunité de se découvrir dans l'usage de ses ressources, dans l'interaction avec les autres, dans la mobilisation de ses capacités d'adaptation, pour autant que le climat de travail et le mode de management le permettent. Depuis la crise financière de 2008 et la financiarisation de l'économie et de la société, l'anxiété gagne du terrain chez les dirigeants et le sentiment d'urgence devient général devant les difficultés à garantir les résultats économiques. Le climat social se détériore pour beaucoup de salariés, avec sa cohorte de conséquences : stress multiples, burn-out et risques psychosociaux.

Aujourd'hui, les **approches psycho-corporelles se sont bien implantées sous de multiples formes**, chez les consultants d'entreprises, les formateurs, les soignants, les animateurs de développement personnel. Plusieurs psychothérapeutes de l'AFPH ont rejoint les rangs des coachs, qui étaient quelques dizaines dans les années 80, et qui ont repris une partie des aspirations et des orientations de la psychologie humaniste. Ils sont aujourd'hui plus de 4 000 coachs. Personnellement, j'ai poursuivi mon chemin, en introduisant l'esprit du développement humain en coaching, en formant 10 000 managers dans une trentaine de pays. Le développement des Spas est pour moi une autre dimension de l'influence de la Psychologie humaniste, qui a promu le « corps de désir », par rapport au « Corps-objet » ou au « Corps-instrument ». La vague du bien-être est en droite ligne avec la tradition d'Esalen, où j'ai séjourné en 1978, ce berceau de la Psychologie Humaniste et Transpersonnelle, carrefour de cultures Asie-Amérique, fondé par Michaël Murphy et Dick Price, en 1962, où cohabitaient Fritz Pearls, Gregory Bateson, Will Schutz, Stanislas Grof, Gabrielle Roth, et tellement d'autres. De nos jours, l'aspiration de beaucoup à une compréhension « holistique » de l'être humain reste importante.

Mais dans les universités, la rationalité a repris le dessus et les neurosciences ont renforcé les thérapies comportementales et cognitives, TTC. L'hypnose est en pointe, avec la « mindfullness » propulsée par les livres de Jon Kabat Zin qui s'installe dans les hôpitaux et les écoles. La méditation en 10 séances devient le package attractif pour le grand public, pour limiter le stress. La vague du développement personnel est retombée, même si elle poursuit sa fertilisation souterraine dans plein de domaines.

La place du corps régresse dans les enseignements. L'écologie de la personne, la quête de sens, la recherche de l'harmonie avec la nature sont en progression massive dans les aspirations des Français, mais aussi des Européens. Les magazines pullulent sur ces aspirations. La quête de spiritualités poursuit sa croissance, avec près de 200 monastères bouddhistes et les succès de librairie du Dalaï-Lama et de Mathieu Ricard, de Fréderic Lenoir et Pierre Rabhi.

Grâce à Daniel Goleman, l'intelligence émotionnelle est davantage prise en compte dans le monde entier (5 millions d'exemplaires vendus en 40 langues). Dans les techniques de la psychologie humaniste, la Gestalt reste bien vivante, avec de nombreuses écoles et une bonne image. La bioénergie est tombée en désuétude, remplacée par la transe chamanique, la Bio-Danza, ou d'autres formes d'exploration. La Danse des 5 Rythmes poursuit son chemin, au-delà de la vie de sa fondatrice, Gabrielle Roth, que j'ai eu le bonheur de connaître et d'accueillir en France en 1983. De très nombreuses nouvelles méthodes émergent et se propagent. Il est important, au-delà des titres sympathiques, de vérifier la qualité des méthodes et des animateurs. Le premier repère étant leur cohérence perçue et le sentiment de confiance qu'ils inspirent. Il est également important de comprendre que le changement personnel, la transformation, demande du temps, de la continuité dans l'exploration de soi et que sautiller d'une méthode à l'autre ne fait que s'éparpiller. C'est stimulant d'explorer de nouvelles pistes, mais en parallèle, il faut repérer les voies qui permettent l'approfondissement et l'intégration de nouveaux comportements plus adaptés au quotidien, jour après jour.

Dans la période actuelle, les lobbies universitaires ont progressivement récupéré les titres de psychologue et de psychothérapeute, à l'usage quasi exclusif des formations universitaires, où pourtant l'exploration de soi reste quasi absente. Les lobbies médicaux et pharmaceutiques occupent le terrain et esquivent les manques cruciaux des politiques éducation – santé – sport – sciences humaines et de la formation des professionnels, pour investir les solutions technologiques de l'e-santé et la recherche de nouveaux médicaments. L'immense partie des dépenses de santé va vers le traitement des pathologies et évite l'éducation à la santé globale. Le grand public est donc obligé de chercher les bonnes informations dans le foisonnement et l'hétérogénéité des articles de magazines et des émissions de télévision.

La manière dont la connaissance de soi et le développement humain sont traités dans l'éducation et la formation des futurs professionnels est défaillante. Elles ne visent pas à favoriser la compréhension profonde de soi et le développement de l'autonomie des sujets. La fragmentation des connaissances est la règle. Partons du résultat final : le médecin psychiatre finit ses études (Bac + 10) sans avoir fait une heure de développement personnel. Il apprend les pathologies lourdes en théorie et sur le terrain en stages dans des hôpitaux psychiatriques, mais n'est pas astreint à des travaux dirigés de connaissance de soi. Par conscience professionnelle, il peut entamer à titre privé une psychothérapie ou/et une psychanalyse et se former à l'une ou/et l'autre de ces méthodes, devenant ainsi psychothérapeute ou/et psychanalyste.

La majorité des professionnels de la santé est centrée sur le traitement des pathologies et très peu sur l'éducation à la santé.

Le médecin généraliste reçoit dans sa formation initiale de très faibles notions de psychologie médicale et n'est pas formé à l'éducation à la santé. Encore aujourd'hui, un étudiant en cinquième année, à l'Université de Marseille, dit apprendre quelques notions « au fil de l'eau sur le terrain ». Du coup, de nombreux praticiens de terrain s'orientent de plus en plus vers les médecines complémentaires (homéopathie, acupuncture, sophrologie, hypnose) pour tenter de mieux répondre aux attentes de leurs patients. Avec néanmoins la pression sur la durée des consultations au tarif conventionné. Le besoin de dialogue et de sens s'oriente vers les autres thérapeutes (kinés, ostéopathes, naturopathes), qui leur accordent plus de temps et d'écoute, sans forcément pouvoir répondre à des besoins psychologiques plus profonds.

En psychologie, les étudiants découvrent la psychologie du développement avec les travaux du développement de l'enfant chez Piaget, mais pas l'andragogie ou développement des adultes (développée depuis quarante ans au Québec). Dans leur spécialisation en psychologie clinique, ils pourront choisir l'orientation psychanalyse, mais leur parcours individuel ne comportera pas d'accompagnement individuel favorisant la connaissance de soi.

En ressources humaines, même chose : les Masters RH donnent des bases de psychosociologie, mais pas d'entraînement individuel. J'ai participé pendant 11 ans (1993-2004) au Master IRH de l'Université Paris V. L'accent est mis davantage sur l'acquisition et le développement des compétences, pour pouvoir gérer les ressources dans les entreprises et institutions. De plus, la dimension *Risques psychosociaux* est traitée le plus souvent sous l'angle juridique, mais pas sous l'angle de l'analyse des comportements individuels et collectifs à risques. L'analyse des compétences comportementales était absente de la formation des RH. Dans les entreprises, les directions générales n'ont donc pas d'experts en « Éducation à la santé », puisque les DRH et les médecins du travail n'ont reçu de formation dans ce domaine.

L'éducation à la santé est abordée sous l'angle de la prévention et de l'information (ce qui est vrai en France toutes professions confondues), et l'éducation à la santé-vitalité-sérénité est inconnue, sans notion d'amélioration du capital santé. Le focus est sur la détection précoce des pathologies. Voir plan national de 2001 et le dernier rapport créant l'Agence Nationale de Santé Publique de juin 2015.

Les professeurs d'éducation physique et sportive (EPS) font de moins en moins d'éducation physique et de plus en plus d'initiation à des disciplines sportives. Les infirmières scolaires rencontrent beaucoup d'attentes des enseignants. Elles sont à l'écoute des besoins des jeunes, mais peu nombreuses et débordées. Elles ne peuvent remplacer des projets d'établissement qui mobiliseraient des équipes d'enseignants, professeurs de SVT et d'EPS, concernés par leurs disciplines respectives.

L'UNIRES regroupe les départements d'éducation à la santé des universités françaises. Dans le congrès national de 2014, l'accent était mis massivement sur l'information, le dépistage et la sensibilisation aux addictions pour les élèves du système scolaire et les enseignants. La santé des Français, et surtout les salariés, les actifs, ainsi que les seniors, ne semblait pas intéresser ces universitaires pourtant spécialisés. L'INPES, devenu Santé Publique France, dont la finalité est la prévention et l'éducation est focalisée sur la prévention et la détection précoce des pathologies. Le document important utilisé pour la prévention antitabac dans les lycées ne dit rien sur le bien-être que peut procurer la respiration consciente.

La dernière étude de 2017 de l'Inter-syndicat national des Internes (ISNI) montre que « les deux tiers des jeunes et futurs médecins souffrent d'anxiété » (Article du *Monde* du mercredi 14 juin 2017). En d'autres mots, les institutions restent massivement orientées vers le formatage et l'acquisition de savoirs.

Il y a donc aujourd'hui, un immense besoin d'humaniser le développement humain, en pariant sur les ressources de chacun et les développant le plus largement possible, comme beaucoup de thérapeutes lucides s'y emploient, sans démarche collective concertée suffisante. Ce sont les réseaux sociaux qui servent de caisses de résonance aux aspirations nouvelles. Sinon, le transhumanisme pointe, avec la fascination de ses humains augmentés. Les prisonniers chinois servent déjà de pièces détachées à de riches clients étrangers. C'est vrai sous d'autres formes, avec des circuits opaques au Brésil et en Inde. Le clonage présente bien des avantages. Les propriétaires des GAFA investissent pour atteindre l'immortalité. ORWELL et 1984 ne sont pas très loin. Personnellement, je poursuis la promotion de la respiration consciente. Avec un collectif de professionnels de la santé, de l'éducation, du sport, du développement personnel, et l'association de Promotion de la Respirologie et de l'Éducation à la Santé, nous sensibilisons des enfants dans les écoles aux seniors actifs, à cette approche globale de l'être humain pleinement conscient et responsable en toutes circonstances, ouvert aux autres, engagé dans la construction d'un monde vivable.

C'est collectivement que nous pouvons faire avancer les choses, contribuer aux évolutions, ne pas subir les dérives sociétales. Quels humains et quelles sociétés voulons-nous en 2050/2100 ? Quelle place pour le libre arbitre ? Lecteurs, je vous invite à la vigilance et à l'engagement dans vos participations aux démarches collectives pour les 40 prochaines années, c'est-à-dire les générations de vos enfants et petits-enfants.

Du développement « perso » aux reliances holistiques*

Jacques Dechance

Jacques Dechance, *auteur de* Le développement personnel *(Le Souffle d'Or), thérapeute, coach holistique, intervenant leadership en entreprise, chroniqueur dans la revue* Sens et Santé.

« Je suis triste chaque fois que je vois une vie dans laquelle l'amour n'a pas réussi à se frayer un chemin », cette phrase de Suzanne Tamaro concluait mon premier ouvrage sur *Le développement personnel, Pourquoi ? Comment ?*** Aujourd'hui après 30 années d'accompagnement, d'écriture et surtout

* Holistique : du grec holos, qui tient compte de l'être humain dans sa totalité mais aussi dans les liens qui œuvrent à celle-ci : entre le corps, les émotions, le mental et le spirituel, par exemple. C'est donc aussi une approche systémique, voire holographique lorsque l'on retrouve les différentes composantes en abordant un seul thème. C'est un chemin infini de reliances qui mène à une écosophie.
** 1995, Éd. Le Souffle d'Or.

d'expérience de vie, cette phrase porte une nouvelle densité, une profondeur brûlante. Qui serions-nous sans amour ? Sans le vivre, le partager, le transmettre et le percevoir à travers l'interconnexion de tous les êtres, que deviendrait notre vie ? Le travail sur soi est si vaste !

Qu'en est-il alors du développement « perso » ? Vous le pressentez déjà, il nous est nécessaire de clarifier le sens que nous y donnons et chacun aura son éclairage propre sur cette thématique. L'exploration de qui nous sommes est un déploiement de soi qui passe par un temps de focalisation sur soi. Il est donc incontournable au début de voir son ego en face, de le renforcer si nécessaire en le structurant sur des valeurs clarifiées. Cette phase nous apporte une connaissance de soi par des techniques telles que l'analyse transactionnelle, l'ennéagramme, les pratiques du corps, de la voix, de l'affirmation de soi ou encore par l'art du toucher, des groupes de parole et la créativité. C'est le temps du papillonnage où le risque sera de cumuler de nouvelles pièces au jeu de l'ego sans se découvrir vraiment. Cependant, bien accompagné, avec la chance de rencontrer de belles personnes sur le chemin, l'excitation première cédera la place à l'appel de la profondeur. Viendra alors la confrontation avec ses résistances au changement, le travail sur l'ombre, le face-à-face avec sa partie vulnérable. Le choix de l'accompagnement sera alors déterminant. En effet, au-delà de l'analyse des situations, l'accompagnement crée un état catalytique qui agrège, reconstruit ce qui était dispersé, distrait, séparé au niveau de l'être. Et seul un accompagnant qui aura fait lui-même un véritable chemin de vie aura cette puissance naturelle sur laquelle toute personne en recherche de sa propre voie pourra s'appuyer pour avancer. Ceci est une alchimie assez mystérieuse entre le professionnel expérimenté et le chercheur. Cette deuxième phase fera naître l'identité, la cohérence et l'autonomie. Le développement « perso » évolue donc vers un développement personnel et relationnel pour passer comme le nomme John Wellwood dans sa psychologie de l'éveil au nouveau paradigme du déploiement.

> « *Il y a deux visions possibles du monde : la vision qui morcelle, la vision qui unit.*
>
> *Une perception partielle donnera inévitablement une conception partiale* »,
>
> Arnaud Desjardins

Les neurosciences, la physique quantique et les recherches sur la pleine présence placent la nouvelle génération des chercheurs face à une quête d'une richesse incroyable. Même la médecine est poussée vers ce déploiement qui n'a d'autre signification que notre processus continu d'humanisation.

Le 15 décembre 2014, l'hypothèse d'une conscience délocalisée, autonome et totalement indépendante de notre cerveau est enfin reconnue dans une thèse de doctorat en médecine. Elle est soutenue à la faculté de médecine de Reims et dirigée par le Dr J. J. Charbonnier, elle a reçu la mention très honorable et les sollicitations du jury. La révolution est là : le développement personnel est une illusion puisque le champ de vie humain se situe alors dans un contexte écosystémique, interconnecté et holographique. C'est un champ de recherche élargi à de multiples systèmes en interactions permanentes. Nous quitterons progressivement les techniques centrées sur la personne, même si elles ont leur utilité dans la phase 1, si nous voulons faire le saut créatif vers une co-naissance de soi, partie prenante de la grande broderie universelle.

Le développement personnel devient donc holistique, voire holographique comme le promeut Ken Wilber, surnommé l'Einstein de la conscience. Celui-ci propose une compréhension de l'évolution humaine inédite grâce à des schémas intégrateurs très complets. C'est une nouvelle génération de chercheurs en développement personnel qui s'appuie sur de nouveaux modèles, certainement plus en phase avec les aspirations actuelles. Un vocabulaire élargi préside à cette « approche intégrale connectée ». L'esprit intégratif prolonge le concept de reliance en opérant des liens entre différents niveaux logiques. « Vous n'êtes plus ethnocentrique ou sociocentrique, nous explique Ken Wilber, vous avez pénétré profondément dans un espace mondocentrique. Le moi ne gobe plus toutes les consolations conventionnelles. La magie ne le sauvera pas, les dieux mythiques ne le sauveront pas, la science rationnelle ne le sauvera pas. Le moi fini va mourir au profit de l'authenticité ». C'est ici le grand passage entre développement personnel s'appuyant encore sur de vieilles croyances et le trans-personnel vidé des contenus excitants, des techniques consolatoires et des théories trop fragmentées. L'expérience unitaire, intégrative, renverse l'âme au contact d'une Vie non seulement reliée mais aussi dans un champ de conscience ouvert et libéré. L'approche est magnifique, la démonstration de Ken Wilber édifiante. Reste à créer une véritable pédagogie qui jalonnerait le chemin vers cet idéal. Les groupes qui travaillent dans cette direction sont prometteurs, surtout aux États-Unis.

C'est à ce stade que nous voyons se développer **la notion d'écosophie**, initiée dans les années 50 dans les mouvements écologistes et le philosophe Arne Noess à l'Université d'Oslo. C'est un renversement de la perspective anthropocentriste : l'homme ne se situe pas au sommet de la hiérarchie du vivant mais s'inscrit au contraire dans l'écosphère comme une partie qui s'insère dans le tout. Cette sagesse reliée illustre assez bien la nouvelle vague des sages postmodernes qui ont pris de la hauteur au-delà des traditions et des perspectives des neurosciences et autres nouveaux paradigmes quantiques. Une écosophie intégrative salutaire pour réinventer le monde et incarner les beaux principes ! En France, notons l'excellent travail de terrain de Frédéric Lenoir* notamment au niveau de l'éducation et de la sensibilisation des enseignants. C'est en effet à la racine qu'il faut agir et donner les premiers repères le plus tôt possible. Si nos enfants et toutes les personnes en position de responsabilité ou de transmission prenaient conscience de l'enjeu, le monde évoluerait radicalement.

Mieux, si la connaissance de soi et des autres était promue au sommet de l'autorité, alors nous

* Philosophe, cofondateur de la Fondation SEVE, Savoir Être et Vivre Ensemble. Auteur de *Philosopher et méditer avec les enfants*, Éd. A. Michel.

pourrions commencer à rêver ! Fantasme ? Tout récemment, j'ai appris que 37 de nos députés étaient ouverts au cheminement personnel. C'est ainsi que Christophe André*, psychiatre à l'hôpital Sainte-Anne, anime des groupes de pleine conscience, il introduit la pratique chez nos députés, avec des ateliers sur volontariat… et le succès est là. Où parfois l'impossible n'est que le commencement de tous les possibles !

> *« Il y a des choses qui ne se peuvent enseigner. Il faut les pénétrer soi-même. »*
>
> Bashô

Notre écologie intérieure est la clé de notre développement durable. Ce n'est pas un « faire » pour se donner bonne conscience mais une manière d'être pour favoriser une conscience bonne. Cette écosophie est à la base d'une cohérence entre vie intérieure et une action ajustée. Elle nous apprend à redevenir un enfant intérieur libéré, un bon père et une bonne mère pour soi et pour nous « m'aime ». Enfin à laisser rayonner le sage que nous sommes au fond. C'est un processus de reconstruction intérieure, de reconnaissance et de guérison.

* *Méditer jour après jour 25 leçons pour vivre en pleine conscience*, Éd. L'inconoclaste.

Le développement de la personne mène inévitablement à la quête intérieure donc dans son extériorité à son chef-d'œuvre de vie. Ériger son être, c'est apprendre à délier chaque nœud qui porte un message salutaire, c'est relier ce qui était en nous blessé car séparé du Tout, c'est allier dans une dynamique d'amour enfin clarifié pour Agir en conscience et en pleine présence pour Créer.

À partir de ma véritable nature, où est ma véritable place en ce monde ? Voilà le cheminement réel et plein de sens de Simon :

Une histoire humaine révélatrice… et vraie !

Simon était un homme paisible qui travaillait comme ébéniste chez un grand artisan. Malheureusement, ce dernier dut se séparer de ce bon ouvrier en cette période de crise. Quelque temps plus tard, notre homme trouva une place dans une grande société d'assurance. Là, il avait pour fonction de recevoir et prendre note des doléances de clients mécontents. Cela mit trois mois avant que son corps le supplie douloureusement. Un terrible mal de dos l'arrêta. Il était coincé chez lui, bloqué, comme il disait. Alors, il commença sa quête : il arriva chez son médecin, qui sur un ton très docte lui administra une ordonnance avec anti-inflammatoires, crème antidouleur et quelques vitamines. Cela était censé annihiler le mal. Quinze jours plus tard, n'ayant pas le résultat escompté, il alla visiter le kiné de son quartier qui le manipula en lui expliquant : « *Bon, c'est physique, les muscles sont hypertendus, je vais vous prescrire des massages et vous irez faire des exercices sur cette machine* ». Un mois plus tard, malgré quelques petites améliorations, la souffrance le taraudait toujours. Il décida de prendre rendez-vous chez un ostéopathe. Cette fois-ci, son mal de dos trouva son origine dans une subluxation vertébrale et dans une information erronée au niveau crânien vers son dos. Il s'exposa au rituel ostéopathique, tout heureux d'entendre une version très savante de son mal. Et la douleur disparut… pendant trois semaines. Un peu énervé, sur les conseils d'un ami, il prit rendez-vous presque en même temps chez l'homéopathe et l'acupuncteur. Le premier, après un long interrogatoire, trouva le remède qui allait redonner la bonne information au corps. Le second décréta d'emblée : « *Vous avez un déséquilibre énergétique du méridien de la rate, il faut juste réharmoniser* ».

Piqué au vif par ce diagnostic prometteur, il se retrouva avec quelques aiguilles sur le corps. En vain, les résultats furent là aussi éphémères. Son moral baissait sérieusement, au point qu'il alla consulter un psy. Le sauveur d'âme lui annonça que probablement Simon en avait plein le dos, qu'il somatisait. Pouvait-il parler de ce que portait son père au même âge ? Après avoir vidé son sac, Simon en effet se sentait mieux… et pouvait mieux supporter son mal de dos. Ne restait plus que le prêtre de son église à qui se vouer ! Le saint homme l'écouta et l'invita à prier… ce qu'il fit. Le médicament, le massage, les remèdes énergétiques, la parole, la prière… oui, chaque chose l'avait soulagé… mais pas guéri ! C'est alors (était-ce un effet de ses prières ?!) que son médecin le rappela. Il lui demanda comment il allait et s'il avait un moment à lui consacrer. Curieux, il prit le chemin du cabinet médical. Son médecin lui proposa, s'il acceptait, de lui refaire meubles et boiseries de son ancienne maison de famille : « *Je sais que vous étiez un excellent menuisier-ébéniste, j'aimerais vraiment que ce soit vous, qu'en dites-vous ?* ». À ces paroles de reconnaissance, une intensité joyeuse se répandit dans tout son corps… et devinez quoi ! Son mal de dos disparut comme par enchantement. Reconnu, enfin à sa véritable place, Simon était guéri, sa vie était débloquée.

Simon reflète un peu nous tous, n'est-ce pas ? La quête personnelle est souvent une errance nécessaire. Qui suis-je ? Où suis-je ? Comment suis-je ? Au fond, continuer à m'humaniser, cela signifie quoi ? Simon pourra conscientiser son histoire en se faisant accompagner dans une démarche où le sens émergera. Il le fit grâce à un coach de vie ! Relions donc pour finir le génie du passé et la fertile inventivité de notre temps présent, la maïeutique socratique aux nouveaux coachs accoucheurs.

Le maïeuticien agit autour du choix des bonnes questions qui, au fil de soi et de ses découvertes, révèle, accouche le chercheur. C'est un outil lumineux, donc éclairant à maîtriser pour l'accompagnant. La vraie question attire toujours sa réponse.

> « *Nous entrons dans une expérience planétaire grandeur nature qui pourrait être intéressante. Le seul problème est que nous sommes dans l'éprouvette.* »
>
> Hubert Reeves

À travers différentes contractions, l'accouchement va vers sa propre étoile, son « Soi connecté », le chercheur s'oriente et trouve enfin sa place au cœur de son univers en lien avec tout être et toute parcelle de ce monde en mouvement. La vie et la mort prennent sens pour se situer dans un au-delà à chaque instant. L'amour peut alors frayer son chemin et la joie percer.

Annexes

Pour ne plus « souffrir sa douleur », il est possible d'observer la souffrance d'une façon non identifiée, lorsque la douleur la parasite peu. Alors, elle peut être acceptée. Acceptée, la reliance s'établit dans un état d'être salutaire.

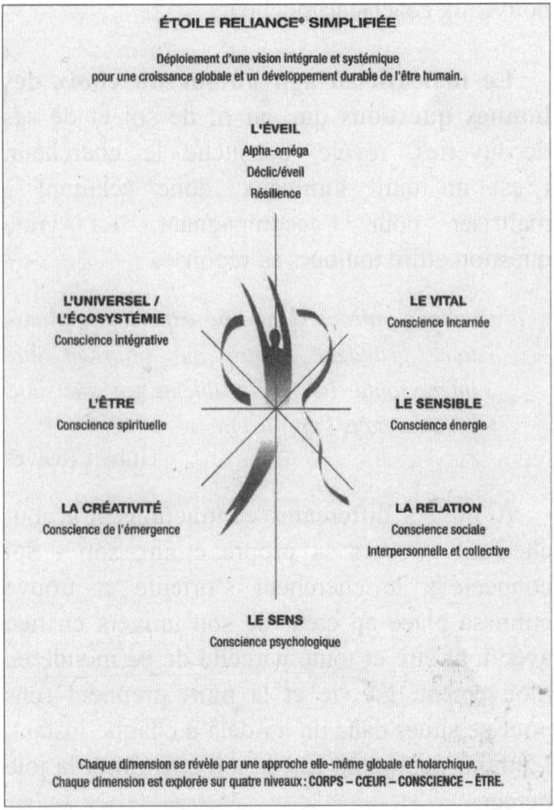

Le centre de l'étoile représente le lieu clé d'intégration. C'est aussi l'espace décisionnel pour incarner les sauts créatifs dans sa vie.

Chaque dimension se révèle par une approche holistique, voire holographique.

Chaque dimension est explorée sur quatre niveaux : **CORPS – CŒUR – CONSCIENCE – ÊTRE pour une écosophie reliée.**

My Taylor est mort !

Fin du taylorisme, l'ère est au grand passage du contrôle et des normes à la confiance et l'agilité. Mais au-delà du changement de paradigme sur lequel on s'accorde, c'est toujours la qualité des personnes qui agissent au quotidien qui reste déterminante. Le développement personnel et relationnel de nos responsables est essentiel pour construire enfin une société plus coopérante, constructive et respectueuse du « capital » humain, comme on dit aujourd'hui dans les entreprises !

UNE APPROCHE HOLISTIQUE DE LA FONCTION DE RESPONSABLE

Agir, totalement impliqué et simultanément totalement détaché, tel est le secret.

Chaque espace de l'étoile correspond à des expériences mises en situation concrète au sein de séminaires sur le leadership (expression tendance du développement personnel des responsables). C'est souvent un véritable déclic qui se joue pour des personnes qui ont souvent le « nez sur le guidon » !

À partir des nouveaux paradigmes de connaissance de soi, le concept de Reliance propose une approche pédagogique où se tissent des liens permanents entre toutes les parties du vivant. Être à sa place, se trouver, donner un véritable sens à sa vie, c'est aussi se laisser inclure dans le tissage de la grande Vie et mettre son développement « perso » au service de cette contemplation… pour mieux incarner.

ALLIER POUR AIMER

Étoile d'une méditation en déploiement holistique
Méditez en reliance…
S'asseoir… immobile… en silence…

L'alpha et l'omega :
Au commencement était la fin… …comme la fin était au commencement.

❼ Déploiement écosystémique :
UNITÉ

Je perçois intensément que tout est intriqué, relié. Je ne suis pas le centre mais l'élément interconnecté au sein du vivant. Conscience universelle, déployée, sentiment responsable, humble et engagé.

❻ Spirituel :
PRÉSENCE

Le silence-présence. La transcendance immanente. Être présent au « sans nom », « sans forme », être UN avec.

❺ Créatif :
INTUITION

Chaque instant est créateur. J'ai le choix de mes supports. Prendre appui sur un symbole, une intention, une visualisation mais aussi laisser la place à l'*insight*, au déclic, au tout autre au neuf.

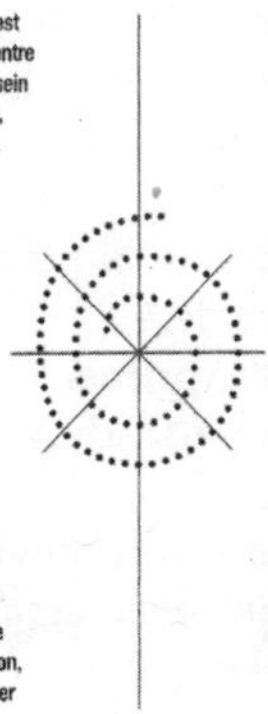

❶ Physique :
CONCENTRATION

Je suis assis, je ressens le poids que je suis, mon axe, ma stabilité, ma grandeur. Ma respiration est tranquille. Je me rassemble sur la posture et le souffle.

❷ Sensible :
CONTEMPLATION

Tous mes sens sont ouverts, je goûte, j'admire, je suis touché par l'instant. J'entre dans une profonde sensibilité. L'énergie vivante peut se laisser appréhender.

❸ Cognitif :
INTROSPECTION

En veille, j'observe mes sensations, mes affects, mes pensées, mes images. Tout passe, je me glisse dans le silence interstitiel. Je vois profondément ce qui est. Conscience lucide et neuve.

❹ Relationnel : *COMMUNION*

Je ne suis pas isolé, je suis avec, je suis « effet papillon à chaque instant ». Je donne, je reçois, je redonne, rien ne stagne, tout est lien. Sentiment d'amour, de paix, de joie, inconditionnels.

Rituel symbolique : **L'ART DU CERCLE**

La pratique se déroule de la manière suivante :

1. **Un temps de présence silencieuse,** pour :
   - Se recentrer : posture, respiration, calme, attentivité.
   - Se vérifier : quel est mon état d'esprit ? Suis-je décidé à être authentique ? Suis-je décidé à être constructif ? Suis-je décidé à lâcher prise ? Suis-je décidé à aller à l'essentiel ?
2. **L'intention de cœur** du groupe est une bienveillance équilibrée avec une exigence qualitative de chaque instant.
3. Chaque personne qui rompt le silence pour s'exprimer, annoncera clairement son prénom pour **assumer son identité et sa parole**. Elle emploiera ensuite le pronom « je » pour être spécifique plutôt que général ou abstrait.
4. Que ce soit une émergence qui peut sensibiliser chacun, un thème de réflexion sur lequel le groupe désire travailler ou la gestion d'un conflit, d'une tension... **l'art du cercle est adapté et adaptable.** Par exemple : la personne qui prend la parole peut s'installer au centre du cercle.
5. **Il s'agit de s'exprimer de façon alignée** : corps centré, à partir du cœur avec un esprit libre et éveillé.
6. Au début, nous pouvons utiliser une technique issue des cercles amérindiens : **le bâton de parole**. Celui qui le tient s'exprime et le garde jusqu'au moment où il estime avoir été réellement entendu, alors il transmet ce bâton à la personne qui le souhaite ou le repose au centre du cercle.

7. Nous pouvons ou non élire **un animateur-garant**. Ce dernier pourrait être attentif à maintenir le collectif au cœur du processus choisi. Ceci avec autant de bienveillance envers les personnes que de l'exigence sur le comment. Il peut également utiliser le son d'un bol tibétain, c'est un exemple, pour recentrer le groupe si nécessaire.

Plus précisément :

- **Nous offrons notre parole au lieu de la prendre** et nous sommes attentifs à l'instant juste pour prendre notre place.
- **Nous respectons des temps de silence** après chaque parole.
- **Nous écoutons avec respect, attention et intérêt.**
- **Nous commençons toujours par une question d'intérêt ou de précision** pour s'intéresser à la parole de l'autre plutôt que d'y répondre.
- **Nous reformulons régulièrement** sans déformer et nous attendons l'acquiescement de l'autre à notre reformulation.
- **Nous bougeons ou nous prenons la parole seulement lorsque nous ressentons un vrai mouvement intérieur** qui nous y invite. Il peut y avoir de longs temps silencieux où nous pouvons accepter de laisser autre chose venir. Une grande respiration avant de parler est salutaire.
- **L'art du questionnement pertinent et essentiel** sera privilégié aux dépens des réponses toutes faites et des opinions personnelles.

Il y a possibilité d'introduire à ce niveau le jeu de l'essentiel joint à cet ouvrage. Nous pouvons également exprimer notre ressenti et faire des propositions comme l'une des approches possibles.

- **Les propositions, s'il y en a, sont bonifiées par le cercle.** Chacun cherche à les améliorer de façon constructive. Une proposition est acceptée à titre individuel, après avoir vérifié son ressenti et avoir clarifié absolument tout ce qui suggère : doute ou ambiguïté. Au final, nous nous responsabilisons sur notre propre décision ou sur l'évolution que nous avons vécue.
- Si l'accord est collectif dans un groupe de créativité ou de décision collective, **la validation** ne s'effectuera pas par consensus mais **au consentement de tous les membres**, c'est-à-dire lorsqu'il n'y a plus d'objections.
- **Nous clôturons le cercle par un temps de silence**, nous nous saluons respectueusement. Marcher tranquillement ou écrire est la meilleure des choses à faire. Nous pouvons prévoir une prochaine rencontre plus informelle, un peu plus tard.

L'échange en vérité, le partage chaleureux, la parole ajustée et la puissance du silence mis en commun sont le terrain fertile d'une transformation collective salutaire. Les peuples premiers savaient se réunir autour d'un rituel d'expression verbale pour exorciser, réconcilier et harmoniser le groupe. Retrouver de la profondeur et du sens dans les groupes actuels de parole ou dans les familles me semble essentiel.

> *« Le jour de votre naissance,*
> *vous avez commencé à mourir :*
> *ne perdez plus un seul instant ! »*

Dilgo Khyentsé Rinpotché

La relation,
cœur du développement personnel

Frédéric Marquet

Frédéric Marquet est coach professionnel – www.immanence-conseil.com

Diplômé d'expertise comptable, je suis aujourd'hui coach en entreprise et spécialisé dans l'art de conjuguer succès et sérénité dans les organisations. Et c'est à ce titre que je vous propose une réflexion pour explorer le mécanisme du développement personnel et pour en énoncer les facteurs clés de son succès.

Au-delà de leurs points communs, développement personnel et coaching se distinguent par leurs champs d'action. Le coaching s'exerce sur un champ strictement professionnel et est payé par l'entreprise. Hormis cette différence majeure, les processus d'accompagnement ont en commun le développement du potentiel humain.

Je vous propose donc de découvrir le facteur clé de succès du développement personnel en m'inspirant de ma pratique du coaching individuel.

Avant d'évoquer l'essentiel qui est au cœur de la relation d'accompagnement, commençons par explorer une métaphore : celle du jardinier.

Elle apporte un éclairage intéressant sur la responsabilité de celui qui accompagne le développement personnel. Notons ici que je me trouve dans l'embarras pour nommer ce dernier. En psychothérapie, nous avons le psychothérapeute. En coaching, le coach. Mais pour le développement personnel, nous n'avons aucun terme. Pas de « développeur personnel » ni de « consultant en développement personnel ». Dans ce domaine, les praticiens s'identifient souvent à leurs outils. Cette absence d'identité est un signe qui révèle un écueil majeur : le flou qui existe lorsque l'on veut entrer dans une démarche de développement personnel.

J'utiliserai donc ici le terme de « facilitateur » que j'aime particulièrement, que je vais comparer à un jardinier. Ce dernier a des outils pour bêcher, couper, prendre soin de ses arbustes. Les outils de notre facilitateur seront la P.N.L., l'analyse transactionnelle, les outils de personnalité, etc. Le jardinier crée avant tout des conditions : il creuse, sème, arrose, taille tout au long d'un parcours où le temps fait son œuvre. Pour aider un être humain à se développer, le facilitateur doit aussi apporter des repères et utiliser ses outils. Les parents et éducateurs sont les premiers à pratiquer du développement personnel. Ils ne façonnent pas l'enfant mais comme les tuteurs des plantes, ils apportent un cadre pour que leur progéniture puisse vivre en se tenant le plus droit possible afin de résister aux tempêtes. Dans un monde en changement, nous pouvons avoir à tout âge le besoin d'être aidé dans notre développement. Mais le jardinier ne peut pas faire plus que contribuer en restant à sa juste place. Un adage dit que ce n'est pas en tirant sur l'herbe qu'elle poussera plus vite. Si le jardinier croit qu'il peut faire quelque chose pour accélérer la croissance naturelle de ses pousses, il commet une grave erreur de toute-puissance. Il restera toujours tributaire de ce qui le dépasse : la graine qui contient déjà l'arbre mais aussi la qualité de la terre, peut-être également les vers de terre invisibles qui l'aéreront. Il dépendra aussi des caprices de la météo : gel ou canicule. Il doit donc conserver l'humilité de celui qui sait qu'il n'est qu'un élément d'un système plus large et qu'il ne peut qu'améliorer certaines conditions pour que la graine vienne à grandir et porter du fruit. Le germe contient, dès le début, toute la plante et n'a rien à acquérir de l'extérieur pour devenir un arbre. Il doit juste se trouver dans de bonnes conditions pour que son potentiel s'épanouisse. Celui qui aide son prochain à grandir doit, lui aussi, rester humble face au mystère humain. Sans décider de ce que l'autre doit devenir, il lui permet de discerner le bon terrain et les conditions favorables pour devenir l'être unique qu'il est.

Cependant, cette métaphore comporte une limite. Si la graine est un organisme vivant qui pourrait grandir sans le jardinier au risque d'être chétive, l'être humain est bien plus qu'une semence. Il a un besoin vital de relations pour grandir et s'épanouir. Dans le cadre du développement personnel, la principale relation est celle entre le facilitateur et le demandeur, d'où son extrême importance.

On entre alors dans une dimension encore plus complexe qu'une simple utilisation de méthodes et d'outils : la Relation. C'est-à-dire la mystérieuse alchimie qui existe dans la rencontre de deux êtres. Si l'on ne prend pas en compte le côté sacré des humains en relation, alors on tombe dans l'instrumentalisation. L'un utilisant l'autre pour répondre à ses propres besoins. Dès que l'autre n'est plus perçu comme un sujet autonome en devenir mais un objet à façonner, il y aura instrumentalisation. Socrate met en garde sur le risque de se perdre si l'on est soi-même en attente de quelque chose dans un accompagnement. Il exhortait ses disciples à se rappeler certains points de vigilance avant de vouloir aider quelqu'un au travers de trois leitmotivs :

- Je ne sais rien sur toi !
- Je n'attends rien de toi !
- Je ne veux rien pour toi !

La relation est une ouverture à l'inconnu. Cette rencontre nécessite autant de présence à l'autre que de lâcher-prise sur ce qui va se passer. Je découvre qui je suis dans ma manière d'interagir avec l'autre et réciproquement. Facilitateur et client vont partager un dialogue pour progresser ensemble. Mon expérience du coaching m'amène tous les jours à réaliser que je grandis, différemment évidemment, mais autant que mes clients à chaque séance. Qu'au-delà de tous les outils que je pratique, une source d'inspiration m'habite et que des intuitions peuvent me surprendre. Mais pour être surpris et vraiment aider l'autre, il faut savoir lâcher prise, développer la capacité à laisser venir l'inconnu qui naît d'une relation. Pour garantir cela, un cadre protecteur est nécessaire dès le départ. Il permettra à chacun de faire confiance à l'autre et en ce que la vie proposera pendant le moment d'échange. Ce cadre passe par une confidentialité absolue, une demande contractualisée, la vigilance de s'en tenir à ce qui est demandé et une recherche permanente de l'autonomie de celui que l'on accompagne. Ne jamais rien vouloir pour lui afin d'éviter de projeter ce qui m'habite. Toujours se rappeler que lorsque le jardinier tient une graine dans sa main, il ne saura pas quel arbre elle va devenir. La mission du jardinier n'est que de créer les conditions de la croissance.

Vous voyez à quel point j'insiste sur la relation d'accompagnement. Et peut-être que vous comprenez mieux mon embarras du début. Si je n'ai pas trouvé de nom pour celui qui fait du développement personnel, c'est tout simplement que ce dernier peut être absent. Que le mot personnel est parfois compris comme « seul ». S'agirait-il alors de faire du développement personnel en lisant des livres, en faisant de la méditation, en utilisant des outils ? Je n'y crois pas puisque l'humain est un être de relation. Plus vous le séparez des autres et plus il dépérit. Plus on veut lui faire croire qu'il peut se développer seul avec des livres aussi bien écrits soient-ils (et il y en a beaucoup au Souffle d'Or) et plus on le leurre. Le livre, l'outil peuvent favoriser une prise de conscience, mais le développement d'un être passera nécessairement par l'Autre, par la relation. Je mets un « A » majuscule à Autre car ce mot désigne l'altérité, l'inconnu que je ne peux trouver qu'en dehors de moi et qui me fera grandir.

Faire du développement personnel de manière isolée, c'est comme demander à un gland de pousser dans le désert. Nous ne pouvons rien faire sans l'Autre. Aucun outil, aucune méthode ne pourront seuls vous aider.

La bonne nouvelle, c'est que toute relation est une opportunité de développement où chacun est à la fois le bénéficiaire et le bienfaiteur. Pour que cette relation soit féconde, il sera important d'oser faire une demande, dire ce que l'on attend du partage, poser un cadre pour se faire confiance mutuellement en sachant, par exemple, que les propos ne seront pas divulgués. Sinon elle risque de n'être qu'une rencontre superficielle où l'on manquera le partage sincère et profond qui favorise l'ouverture à l'inconnu qu'est l'autre et révèle à chacun l'inconnu qui l'habite.

Pour vos propres besoins de développement personnel, en plus de juste laisser les rencontres fortuites ou familiales de votre vie vous féconder, n'hésitez pas à voir des professionnels. Veillez alors simplement à vous assurer que le cadre protecteur est bien posé et que le facilitateur est dans cet état d'esprit de présence et d'ouverture si essentiel. Pour le reste, le mystère et le miracle de la relation contribueront au résultat bien plus que les outils utilisés.

Le développement personnel, un art de vivre dans un monde fragmenté et accéléré

Yves Michel

Yves Michel, fondateur et directeur des éditions Le Souffle d'Or (1983) et des éditions Yves Michel (1999), citoyen engagé dans la transformation sociétale, élu municipal, très actif dans le monde associatif. Auteur de Le Périple d'un défricheur d'idées *(Le Souffle d'Or, 2003).*

L'aspect fragmenté et accéléré de notre socioculture est un défi de très grande ampleur ; serons-nous capables d'éviter un chaos violent et de trouver des pistes créatives d'un changement profond de paradigme, *that is the question...*

Le développement personnel peut être une réponse à ces menaces, mais il est surtout une voie d'épanouissement, d'accomplissement de soi. De mon point de vue d'éditeur qui a été (dès 1983) et demeure un pionnier du développement personnel en France, et praticien pour moi-même, ma définition est que **le développement personnel englobe diverses**

approches de la vie et techniques permettant de mieux se connaître, d'explorer ses relations avec son environnement (humain, naturel, social, culturel), et de développer sa créativité à tous les niveaux.

Une démarche d'émancipation : choisir au lieu de subir

Une des premières étapes du développement personnel consiste à se déconditionner de nos héritages en provenance de notre arbre familial et de nos expériences d'enfance. Ces héritages et attentes sont très prégnants et formatent nos choix de façon très puissante. Ce sera donc un objectif que de les détecter et de les mettre à distance, afin de plonger plus profondément en nous pour trouver notre identité propre, notre diamant intérieur, et l'actualiser dans notre vie. Cela permettra de recycler nos blessures et souffrances, nous mettra à l'abri de nombreuses manipulations, et signera à mes yeux le passage de l'adolescence à une certaine maturité.

Attention toutefois à une trop forte identification, car celle-ci est la source de bien des guerres ! Il me semble tout aussi important, une fois cette première étape acquise, de dépasser nos identifications pour accéder à plus vaste, et c'est là peut-être l'articulation vers une démarche spirituelle.

Une qualité essentielle : le sens du discernement

Sur ce chemin du développement personnel, chacun.e aura besoin d'outils et d'accompagnement ; les outils pourront être des livres, des formations, des stages ; certains passages pourront se vivre seuls, d'autres requerront un accompagnement adéquat. Face à tous ces choix, il importe de faire appel à son discernement, car hélas, le « marché » s'est emparé de cet attrait bien légitime pour l'accomplissement de soi pour le formater en produit et, ici comme en supermarché, parfois pour vendre des chimères « vite fait sur le gaz ». Je dénonce depuis longtemps également certains abus, véritables escroqueries, en entreprise, où telle direction proposera un week-end de développement personnel à certaines catégories de ses équipes, avec pour seule fin de les rebooster pour repartir ensuite au turbin de façon plus efficace, mais sans perspective d'évolution, ni d'eux-mêmes ni de leur carrière.

Notons que l'objectif du discernement fait partie des textes officiels du ministère de l'Éducation nationale, mais n'est-ce pas là un magnifique cas de « dissonance cognitive » ?

Je suggère de croiser son ressenti devant telle proposition, telle personne, et une analyse réflexive, afin de faire ses choix.

Et de commencer par une évaluation précise et sincère de ses besoins, c'est-à-dire avec authenticité, en prenant conscience de ses masques pour les faire tomber et se sentir libre en chaque instant.

Cultiver le non-jugement, le lâcher-prise, la créativité

Dès qu'on aura construit ses premiers niveaux psychiques et atteint un début de maturité, il sera utile de s'abstenir de poser des jugements, y compris sur soi-même ; ceci permettra de sortir du simplisme et du dualisme, car la vie est essentiellement complexe. Alors on pourra s'entraîner au lâcher-prise, véritable tremplin vers une certaine liberté.

Cultiver la créativité, l'art, l'expression de soi : chacun dispose de talents, d'un génie propre, et c'est trop bête de le cacher ou de le laisser s'étioler parce que simplement une figure d'autorité nous a dit « qu'on était nul »... Alors, tâchons de réunir aussi souvent que possible les conditions de confiance, de non-jugement, de soutien inconditionnel, tant individuellement que collectivement : notre monde pourrait devenir un festival permanent !

Ça devrait être la mission de **l'éducation**, laquelle ne se limite pas au jeune âge : cultiver, sensibiliser, encourager, soutenir, accompagner l'éclosion de talents… Ou bien, je dirais que le développement personnel apporte à l'être humain ce que notre éducation a négligé : le rapport à soi-même et aux autres, la gestion des émotions et la liberté d'expression de ces émotions (il est plus confortable de la vivre avec respect et connaissance de soi et non comme un défouloir impulsif non conscientisé et destructeur). C'est ainsi que je conçois mon œuvre d'éditeur. L'un des remparts les plus sûrs contre la barbarie.

Cultiver des images intérieures positives, des métaphores optimistes. Sans faire l'autruche sur les dangers et les choses inacceptables, ne cédons pas à la sinistrose et au désespoir. Edgar Morin affirme que le désastre est probable, mais la métamorphose possible !

Je suis persuadé que le flot quotidien d'horreurs qui nous est déversé dessus par les médias a pour objectif de nous affadir dans notre dignité, de créer de l'apathie et de nous faire accepter ce qui ne devrait pas l'être.

Au contraire, la beauté, l'émerveillement, l'élégance, la délicatesse, un zeste de folie et en prendre le risque, c'est comme les dauphins qui s'élancent hors de l'eau…

Toujours garder à l'esprit notre finalité, viser haut ! Pour moi, il s'agit de m'affranchir de tout esclavage ou conditionnement, de viser rien moins que la liberté, l'accomplissement de soi. Maintenir vivant cet objectif oriente puissamment nos forces, nos talents, notre conscience, nos apprentissages et même l'environnement. Ainsi fit Nelson Mandela qui passa tant d'années en détention, avec la sublime réussite que l'on connaît (au moins provisoire).

Le rapport au corps, le mouvement

À contre-pied de notre éducation occidentale, il me semble tout à fait nécessaire d'avoir une bonne relation à son corps. J'ai personnellement souffert d'avoir dû rester immobile si longtemps à l'école : j'ai mis des années à retrouver une certaine aise avec mon corps et le mouvement.

Une consigne hélas répandue dit : « Tiens-toi tranquille ! » Pourquoi ? Pour perpétuer l'ordre établi. N'oublions pas que l'objectif recherché par nombre de dictateurs, de Napoléon à Hitler, mais aussi par des ministres tels que Jules Ferry, a toujours été de « ravir l'autorité parentale » au bénéfice de l'État, afin de faire de « bons soldats », ou dans la version contemporaine : de bons consommateurs…

Or, notre corps a énormément à nous dire, à nous enseigner, tant pour nos choix quotidiens, nos relations, que concernant, bien entendu, notre santé.

Yvonne Berge, une grande dame de la danse (1), disait que nous étions atteints du mal de « cul-plombite » tellement nous passions de temps assis sur des chaises. Il me semble très sain de cultiver le mouvement, la danse, la sagesse du corps, le changement. « La seule chose qui ne change pas est le changement » : alors autant développer cette capacité, et ce, depuis notre enfance ! Et pour l'intégrer, quoi de mieux que notre corps ?

Du yoga aux arts martiaux, en passant par la danse, le sport de plaisir, les massages, etc., la palette de choix est immense de nos jours, et tant mieux !

Je sais l'efficacité des approches psycho-corporelles, qui s'appuient sur les deux aspects de l'être ; et de l'importance d'une pratique, constante et renouvelée.

Et la sexualité ?

C'est un domaine où chacun.e peut énormément s'ouvrir, faire des découvertes, gagner en confiance en soi et en l'autre, et en même temps où le besoin de développement personnel est criant. L'intimité et la sexualité sont tellement délaissées par notre éducation qu'elles sont souvent le lieu d'une grande « barbarie », et de grandes blessures.

Comme disait W. Reich, la rigidité psycho-sociale et sexuelle vont de pair : si l'on veut changer notre société, on ne pourra pas faire l'impasse sur une révision de nos modèles sexués et tabous.

Ici comme dans d'autres domaines, un rééquilibrage des polarités féminine et masculine est indispensable, après une domination du masculin qui a trop duré.

Transformer les situations en les accueillant

Au fil des étapes du développement personnel, l'être humain gagne en confiance en lui-même, il perd le besoin de projeter sur autrui ses difficultés intérieures en fabriquant des « ennemis », voire des diables (je ne peux m'empêcher de penser aux dirigeants US...). Au contraire, il acquiert la faculté d'accueillir ce que la vie lui sert de la façon la plus ouverte possible ; il voit en chaque circonstance, épreuve, une opportunité d'évoluer. Accepter nos blessures intérieures, nos âmes cabossées, et travailler dessus.

Ce qui est fascinant pour moi est combien le simple accueil d'une contrariété ou difficulté la fait se transformer immédiatement ; dit autrement, par C. G. Jung : « Ce qu'on ne veut pas savoir de soi-même finit par arriver de l'extérieur sous forme de destin. »

C'est un grand bonheur et l'un des fruits du développement personnel…

J'y ai toujours goûté un immense sens de l'aventure : découvrir, explorer, se familiariser avec toutes nos dimensions sans tabou, me semble aussi passionnant qu'indispensable !

Pleine conscience, pleine présence

Ces apprentissages, ces cadeaux glanés sur le chemin, ouvriront en nous de nouvelles facultés, et de façon centrale une qualité d'être. Être de plus en plus conscient, de nous-mêmes, de notre fonctionnement, de nos aspirations, et aux autres. Devenir pleinement présent à soi, aux autres et à notre environnement, le cœur grand ouvert, l'attention en vigilance, dans l'acte juste, voilà qui vaut bien les efforts consentis pour y arriver !

Ralentir : reprendre la main sur notre rythme de vie est un acte de résistance… En effet, pourquoi aller toujours plus vite, produire et consommer plus et plus vite, dans un monde d'addictions et d'avidité, sinon pour engraisser ceux qui nous exploitent, et pour nous rapprocher plus vite de notre mort ?

Ralentir, c'est se poser, être capable de réfléchir à nouveau, faire la part de l'essentiel et de l'accessoire, ralentir la pollution et l'épuisement des ressources, accepter une limite, accepter le sens de la mesure, ô combien utile de nos jours… Ralentir peut être un moyen efficace à notre disposition pour nous immuniser un peu contre les manipulations.

L'objectif est de vivre sa vie en pleine conscience

Développement personnel / psychothérapies / spiritualité

Les frontières entre ces trois domaines constituent un débat très français, marqué par une culture cartésienne qui adore ranger chaque chose dans un tiroir étanche ! Que de querelles stériles !… Pour avoir voyagé quelque peu dans divers pays, je témoigne qu'il y a beaucoup moins d'importance ailleurs.

Mais bon, je dirais que **le développement personnel** est essentiellement à mes yeux **une démarche d'apprentissage**, seul ou accompagné d'un enseignant, ou simplement par la vie, afin de mieux se relier à son être intérieur, aux autres et à la nature, comme énoncé plus haut. Chacun.e en retirera du bonheur, de la conscience, de la créativité et gagnera en autonomie. Des retombées collatérales positives pourront en être certaines guérisons et ouvertures spirituelles. Par exemple, une relation de couple (domaine qui est un magnifique champ d'expérience en développement personnel !) m'a guéri de mon addiction au chocolat !

Le domaine des thérapies concerne davantage le soin de blessures du psychisme, et requiert l'intervention d'un thérapeute, un « connaissant ». D'autres contributeurs à ce *livre blanc* détailleront diverses branches des thérapies.

Les démarches spirituelles concernent un autre niveau, celui de l'âme et de l'esprit, selon ce que chacun.e met sous ces mots. Certaines peuvent parfaitement se vivre seul, en autodidacte, d'autres accompagnées d'un « maître », seul.e ou en groupe.

L'important à mes yeux est de **mettre ces démarches en synergie**, car elles se fécondent mutuellement. Attention à ne négliger aucun de nos besoins : telle cette personne qui prétend ne pas avoir besoin de développement personnel car elle suit une démarche spirituelle… Hum hum, pour en avoir fréquenté depuis 40 ans, j'ai trop vu ces vantards, voire de prétendus « maîtres », tomber dans leurs failles… psychiques, tel Icare… Dans *Le Seigneur des Anneaux*, Frodon ne cède-t-il pas tout à la fin, alors qu'il a accompli son très long périple, à la pulsion de posséder l'anneau et de le garder pour lui ?

Pour prendre la métaphore dite « du baquet en bois » en biologie : on ne peut pas remplir un baquet constitué de lattes de bois plus qu'au niveau de sa latte la plus courte. Donc travaillons nos dimensions faibles afin de trouver une intégration meilleure de tout notre être.

C'est l'apport précieux des thérapies, notamment psycho-corporelles, de nous permettre ces plongées dans des eaux parfois nauséabondes pour les clarifier. Sachons donc rester humbles devant certains mystères qui nous dépassent et simplement devant la complexité de la vie…

Développement personnel / engagement citoyen

Ce sont aussi deux démarches qui se fécondent magnifiquement. Il s'agit de commencer le changement par nous-mêmes, et de mon point de vue assez naturellement, mais je vois bien que ça ne l'est pas pour d'autres, l'intérêt pour nos règles de vie communes, ce qui « fait société », se développe.

Je pose que les pratiquant.e.s du développement personnel et les citoyen.ne.s engagé.e.s ont énormément à s'apporter ; c'est ce qui m'a poussé à créer les deux marques éditoriales Le Souffle d'Or et Yves Michel.

Une approche globale de toutes ces questions me paraît incontournable.

Cultiver nos relations : qu'y a-t-il de plus changeant, de plus fragile, et aussi de plus profond, de plus beau, que les relations ? Les relations avec les autres humains, avec soi-même, avec la nature et l'univers tout entier…

Et la relation est l'opposé de la fragmentation, de l'éclatement ; la relation reconstitue une unité, une globalité, comme un puzzle. Donc faire pièce à l'éclatement qui menace tant nos êtres que nos sociétés, c'est faire acte de résistance, d'affirmation de notre dignité, d'audace et de courage face à la barbarie qui guette. Établir de la relation, c'est un geste d'amour qui tisse une vaste toile, c'est faciliter notre vie ensemble, humains et non-humains dans ce vaste univers…

C'est mon engagement.

(1) *Danse la vie*, éd. Le Souffle d'Or, 1994.

Les 9 Familles & leur lien aux forces du monde

Le corps montre clairement qu'il est constitué de trois centres, à l'image de ces trois mondes : le centre instinctif (tout ce qui est sous les diaphragmes : bassin, ventre et jambes), le centre émotionnel (le dos, la poitrine et les bras) et le centre mental (la sphère de la tête).

Une sagesse ordinaire

Odile Martin Saint Léon

Odile Martin Saint Léon a soutenu une thèse sur le travail de groupe (1972). Maître de conférences à l'Université Paris 3, a créé des formations à l'animation de groupes de parole et dirige la collection « acteurs sociaux » (1999) aux Éditions Yves Michel. Retraitée, accompagne dans leur démarche d'écriture les auteurs de la collection et diverses autres personnes. Auteure de Le développement personnel, et après ? *(Le Souffle d'Or)*

En réfléchissant sur les acquis du développement personnel et la façon de les faire fructifier, nous nous interrogeons peut-être. Poursuivre une telle démarche tout au long de sa vie ne conviendrait-il pas seulement à quelques sages engagés dans une véritable quête spirituelle ? Cela ne suppose-t-il pas un mode de vie hors du commun ?

Il me semble qu'il n'en est rien. Certes, le développement personnel conduit à l'expérience intérieure mais celle-ci ne se confond pas avec une expérience spirituelle même si elle peut y conduire. Chacun d'entre nous, quel que soit son parcours – nul besoin d'avoir fait de nombreux stages ou quinze ans de psychanalyse – peut accéder à une certaine sagesse que je qualifierai d'ordinaire.

De quoi s'agit-il ?

Pour beaucoup d'entre nous, l'un des premiers apports du développement personnel a été de devenir conscient du mouvement de la vie et d'en pressentir le caractère sacré. Or, la principale source de ce mouvement préexiste en chacun de nous, qu'on la nomme « vitalité » – comme le fait le langage commun – « libido » – comme le théorise la psychanalyse – ou « chi », la philosophie orientale.

Cette énergie se trouve aussi dans notre environnement, dans l'air que nous respirons, les plantes et les animaux et chez tous les êtres vivants avec qui nous partageons cette planète. Respirer, se nourrir, marcher, rencontrer les autres n'est-il pas le lot commun à tout être humain ?

Un autre apport du développement personnel a été de s'ouvrir au sens pour le laisser accéder à notre conscience. S'ouvrir au sens ne veut pas dire chercher de façon volontaire la signification de ce qui nous arrive. C'est simplement – mais c'est un vrai travail de patience – se mettre dans un état de disponibilité pour vivre ce qui s'offre à nous en laissant le sens advenir. Dans ce processus, les diverses méthodes où le travail sur le corps est très présent nous ont été d'une aide précieuse. Le développement de notre conscience du corps nous a conduits à modifier progressivement notre rapport au monde.

Aujourd'hui comment pouvons-nous faire fructifier ces acquis dans notre vie quotidienne ?

Quel que soit notre parcours, la capacité de vivre au présent peut être développée. Vivre au présent, c'est laisser venir les sensations, les émotions, les pensées du moment. Mais c'est aussi passer d'une activité à une autre en pleine conscience.

Cette présence à l'instant ne se pose pas que pour des tâches matérielles ou répétitives. Si nous vivons en couple et/ou en famille, le contact quotidien avec nos proches peut être une occasion de développer notre présence à l'autre. Travailler en groupe autour d'un projet commun ou militer ensemble a aussi pour effet de développer notre capacité de présence à autrui.

Cette présence à l'autre peut devenir une présence au monde qui entraînera pour certains d'entre nous des engagements sociaux ou politiques. Le besoin de comprendre les conséquences de nos actions et de refuser l'absurdité du monde peut nous aider à ne pas nous enfermer dans un système de dogmes ou de croyances.

Mais pourquoi cette longue patience, diront certains. Le jeu en vaut-il vraiment la chandelle ? Pourquoi chercher la lune ? Un proverbe chinois dit : « Quand le sage montre la lune, l'idiot regarde le doigt. » Ne soyons pas comme l'idiot du proverbe. Ne restons pas immobiles l'œil fixé sur le doigt du sage. La lune qu'il nous montre, nous n'en savons pas grand-chose et même les spécialistes n'en ont peut-être pas fait le tour.

Accepter le doute peut ne pas être un sujet de préoccupation mais un état d'esprit vécu dans la sérénité. Cela veut dire accepter de ne pas comprendre tout de suite ce que nous pensons, ce que nous faisons et, de façon plus générale, ce qui nous advient. Cette acceptation n'implique pas que nous refoulions nos affects ni que nous portions sur le monde un regard fataliste ou désabusé, mais que nous supportions un certain vide qui seul permet au sens d'advenir. La conscience du corps qui est au centre du développement personnel nous est alors d'une grande utilité car elle nous permet de vivre sans trop d'angoisse une période de vacuité.

À ce stade, le sens de l'agir n'est pas celui qu'on lui accorde habituellement. L'action est le prolongement de l'être, comme la flèche qui vise la cible est le prolongement du geste de l'archer. Tout acte, du plus exceptionnel au plus ordinaire, suppose un certain détachement. Ce qui importe c'est l'effort vers la perfection du geste, nous dit le maître zen. Sans entrer dans une telle démarche, nous pouvons en conserver l'essentiel. C'est ce que nous pouvons faire dans la vie ordinaire : « Remettre cent fois sur le métier notre ouvrage ».

Le développement personnel nous a permis de nous engager dans un travail de connaissance de soi dont les motivations, si elles étaient diverses, avaient en commun le désir d'un épanouissement personnel. Et ce qui s'est passé n'a pas comblé nos espérances, il les a dépassées. Nous ne sommes pas forcément devenus plus épanouis ou meilleurs mais nous sommes devenus plus conscients d'être vivants. Cela a rendu notre vie plus intéressante et riche de découvertes quels que soient les évènements qui nous sont advenus. Cette conscience d'être pleinement vivant que nous n'avions éprouvée qu'en de rares occasions, est devenue peu à peu un état permanent qui nous relie au monde… et à nous-mêmes.

Dans un monde plein d'incertitude, un monde devenu chaotique, il est devenu nécessaire d'apprendre à apprendre, apprendre à désapprendre (ce que nous avons appris hier n'est plus valable aujourd'hui) et donc, de réapprendre. Il va falloir adopter un apprentissage « évolutif ». C'est une démarche de développement personnel permanent que nous devons entamer pour créer des émergences (d'organisation, de conscience) pour soi-même, ses proches, sa communauté et l'humanité.

Pourquoi un monde plus incertain ?

Le monde est plus incertain parce qu'il est devenu chaotique, au sens scientifique, pour essentiellement trois raisons : le nombre, la connexion et la vitesse.

Tout d'abord le nombre. Nous n'avons jamais été aussi nombreux sur terre. En moins de 200 ans, la population humaine est passée de 1 milliard à probablement plus de 8 milliards d'habitants. Et ces humains n'ont jamais été aussi connectés. Il y a aujourd'hui plus de téléphones portables sur terre que d'êtres humains et pratiquement la moitié des êtres humains sont connectés à Internet. Les spécialistes des théories du chaos diront qu'il y a plus « d'agents connectés ».

Le sens du chemin
De la thérapie à la connaissance de soi

Delphine Lhuillier

Delphine Lhuillier est ethnologue de formation, responsable éditoriale de Génération Tao. Elle a participé à la création du Centre Tao Paris. Cofondatrice des Festivals du Féminin®, Féminin-masculin® et de la Méditation, elle est également professeure et formatrice en Wutao®. Auteure du coffret-jeu Tribal Tarot *(Le Souffle d'Or) et du* Féminin sans tabou *(Eyrolles), elle a également contribué à l'écriture de* Wutao, pratiquer l'écologie corporelle *(Le courrier du livre).*

En assis.e, posée sur un zafu, une bougie allumée, les yeux grands ouverts, face à un miroir, la respiration ample, le cœur ouvert, je demande : « Qui est là ? »

J'ai soif d'exploration intérieure. Je suis en crise. En transition. Je m'interroge sur le sens de la vie. Je souhaite développer mon potentiel créatif, dépasser mes limites. Vers qui me tourner ? Un.e psychothérapeute ? Un.e coach en développement personnel ? Un.e guide spirituel ?

Autant d'histoires individuelles qui forment un chemin personnel. Il s'inscrit dans une globalité, une dynamique sociétale qui participe au devenir de l'humanité et de cette planète.

Et si tout était une question de choix, de libre arbitre ?

La/le psychothérapeute soigne notre psyché, les manifestations conscientes et inconscientes de notre *persona*, le(s) masque(s) de l'ego. Selon sa formation, elle/il utilisera différents outils : la stimulation du corps physique, la parole, la respiration, les massages, l'art, etc., pour accéder à notre psyché, panser nos maux et aller de l'avant. Il peut aussi nous faire prendre conscience de nos schémas de répétition, « aussi vieux que l'histoire de notre propre âme », comme l'écrivait Osho.

La/le coach a caché dans sa boîte à outils, moult techniques pour nous aider à prendre confiance en nous, à libérer notre potentiel. Elle/il nous accompagne pour dépasser nos limites et stimuler notre créativité. Optimiser nos compétences.

La/le guide spirituel.le, à travers sa voie, de la plus traditionnelle à la plus contemporaine, nous ramène au fondement même de notre existence : qui suis-je ? Il nous apprend à nous poser les bonnes questions pour progresser sur notre chemin de vie.

Bien sûr, ces trois catégories sont réductrices. Il existe aujourd'hui un florilège d'accompagnateurs à la fois thérapeutes, guides, coachs ou éveilleurs de conscience, qui ne souhaiteraient pas se sentir coincés dans ces cases. Je les comprends. C'est juste une astuce pour saisir le chemin que nous empruntons.

Si je prends mon exemple, qu'est-ce qui, un jour, m'a mise en route ? Je célébrerai bientôt mes 46 ans. Et j'ai eu récemment cette vision de moi enfant, puis adolescente, jeune femme, jusqu'à la femme que je suis aujourd'hui. Née dans un environnement où transcendance, interrogation existentielle, remises en question, engagement social, n'existaient pas, je découvrais, avec tendresse et surprise, une enfant limitée dans une perception d'elle-même et du monde. Le miroir que me renvoyait ma famille était pourtant celui d'une enfant mature, en avance sur son âge. À dix-huit ans, je suis partie étudier à Nancy, et j'ai emménagé dans un studio. En deux ans, j'ai implosé : crise identitaire, amour impossible, découverte de psychotropes. Toutes mes certitudes ont volé en éclats. Mon identité était en train de se fissurer tandis que je m'ouvrais à de nouvelles dimensions. Des comportements auto-destructeurs ont émergé. J'allais mal. J'ai pris rendez-vous avec un psychiatre-psychanalyste. Six mois de larmes. Je me suis enfuie. Une autre thérapie suivra, d'inspiration jungienne, et deux voyages en Indonésie. Je n'en avais pas encore conscience, mais j'étais passée de la thérapie, le désir d'aller mieux, à une démarche plus vaste : je m'étais mise en quête de « je ne sais quoi ». L'Asie m'a ouvert des portes. J'avais peur de voyager seule ; je l'ai dépassée. Je suis revenue. J'ai déménagé à Paris, ma maîtrise consacrée au théâtre d'ombres javanais en poche. Mes deux premières années à Paris furent à nouveau constellées de voyages et d'explorations psychédéliques. J'étais perdue, je me perdais, et dans le même temps, je cherchais, je me cherchais. Toujours cette forme paradoxale de la crise vécue comme un danger et une opportunité (1). Paule Lebrun, dans son ouvrage *Chroniques Nomades* (2), interprète les errances des adolescents occidentaux comme un manque de sens qu'ils cherchent à combler dans l'ivresse ou d'autres expériences souvent destructrices. Cela me correspondait très bien. À la fois toutes les blessures de mon enfance, tapies dans l'ombre, me sautaient au visage, et un désir d'être plus profond surgissait avec intensité. J'avais commencé une analyse à Paris pour plonger dans ces blessures. J'avais choisi l'aventure psychotrope pour ouvrir les *portes de la perception* (3) comme l'écrivait Aldous Huxley. Mais j'en ai ressenti très vite ses limites.

Pour satisfaire cette soif d'un « plus vaste que moi », les spiritualités traditionnelles ont commencé à m'attirer. Investir ma corporalité devenait incontournable. Je me suis inscrite dans un centre de yoga. Je pratiquais tous les jours. Je méditais au quotidien. J'étais en train de « tomber en amour » de la connaissance de soi. Mais je ne parvenais pas à l'unité. D'un côté, la psy, de l'autre, les cours de yoga et la méditation, je m'étais inscrite dans une école de massage. Je cherchais la cohérence. Comment unifier tous ces pôles de mon être ? Comment me sentir Une alors que chaque partie de moi me semblait être prise en charge par des personnes et des actions différentes ?

J'ai eu la chance, à vingt-cinq ans, de rencontrer une revue, *Génération Tao* (4), une équipe, une voie, le *Wutao®* (5), et *l'art de la Trans-analyse®* (6). Je cheminais en cohérence avec mon job. Je me suis recomposée.

Pour autant, j'ai compris que le chemin ne s'arrête jamais. Il est unique. Lors d'un séjour en Thaïlande, dans un temple bouddhiste installé dans les environs de Chiangmai, j'ai eu l'impression de disparaître. D'être transparente. Je m'écroule en larmes. Je pressens la fin d'une quête : comme si toutes mes cellules comprenaient que tout était là. J'avais posé mes bagages. Il n'y avait rien à faire. Juste à être. Deux semaines plus tard, patatras ! La maladie, la mort de la personne que j'aime surviennent. Un tsunami. La vie nous réserve ainsi des surprises. De nouvelles crises. Elle m'avait réservé celle-là. Et je me retrouvais face à des choix. Mes choix. Comme lorsque j'avais vingt ans. Une nouvelle chrysalide se formait, annonciatrice d'une nouvelle métamorphose.

Ainsi la multiplicité des chemins qui s'offrent à nous nous ramène sans cesse à notre libre arbitre. Nous restons maîtres et responsables de nos choix (dans une société *a priori* non coercitive).

Vous pouvez en toute légitimité avoir juste besoin de vous sentir bien. C'est le rôle du psychothérapeute, qu'il soit psychanalyste freudien, jungien, Gestlalt-thérapeute, art-thérapeute, psychologue transpersonnel, bio-dynamique, etc. de guérir les blessures du passé qui entravent notre présent. Et peut-être que ce chemin vous donnera le goût de plonger davantage en vous.

Vous pouvez mesurer vos limites et avoir besoin de l'accompagnement d'un coach pour les dépasser et libérer toute votre créativité.

Vous pouvez prendre conscience de l'illusion de cette réalité. Et choisir une voie qui vous aidera à ne plus vous identifier à ce que vous croyez être « vous » : vos pensées, vos émotions, vos comportements, vos actes. Dans ce choix, il y a deux chemins. L'un, plus traditionnel, qui vous invite à quitter le monde, en entrant dans un monastère, par exemple. L'autre, plus tantrique, plus moderne, vous invite à vivre cette réalisation en restant dans le monde. Et ce n'est pas simple, puisque notre société contemporaine ne soutient pas cette démarche. C'est un choix différent qui peut passer par des zones d'inconfort car les zones les plus sombres de soi, les situations les plus inconfortables, mais aussi les plus confortables (!) sont explorées, éclairées, portées par l'intention de les transformer.

Il me semble que chaque option possède ses forces et ses ornières. Le tout est de réaliser ce que l'on souhaite vraiment. S'engager dans un cheminement de connaissance de soi alors que l'on souhaite seulement guérir peut avoir des conséquences douloureuses. De même, s'éveiller sans chercher à guérir les blessures de l'âme peut nous enfermer et renforcer notre cuirasse caractérielle, comme la définissait Wilhelm Reich (7). Se réaliser intérieurement sans se réaliser sociétalement en participant à une œuvre plus grande que soi, peut se révéler stérile. Optimiser notre potentiel peut se faire au détriment de l'être et de l'autre. Je deviens un individu efficace plutôt qu'un être épanoui. Se limiter à la satisfaction peut nous faire oublier nos aspirations profondes. Un excès analytique peut nous détourner de la simplicité. À chacun.e de trouver sa mesure.

Mais des questions de fond demeurent. Peut-on vraiment guérir sans parcours initiatique, sans épreuves ? Peut-on guérir sans prendre conscience de l'illusion de cette réalité et de ce « je » ? Peut-on s'éveiller sans tout éclairer ? Peut-on se réaliser le cœur fermé ? N'avons-nous pas besoin de toutes ces dimensions ?

La vie veut circuler. L'âme a besoin d'espace pour s'épanouir. La nature de la conscience est de tout éclairer sur son passage. L'esprit tend à se libérer et à s'éveiller. Le tout traverse, habite, anime, un corps. Notre corps. Notre corps, c'est tout ça. Mais aussi le corps de la planète, du cosmos, du vivant.

Et vous, quel est votre chemin ? Celui que vous avez suivi et celui que vous empruntez aujourd'hui. Quel(s) choix avez-vous fait(s) ?

En assis.e, posée sur un zafu, une bougie allumée, les yeux grands ouverts, face à un miroir, la respiration ample, le cœur ouvert, je demande : « Qui est là ? »

(1) L'idéogramme chinois de « crise » signifie à la fois danger et opportunité.
(2) *La déesse et la panthère, chroniques nomades*, Paule Lebrun, Éditions Véga, 2015.
(3) *Les portes de la perception*, Aldous Huxley, Collection 10/18, 2001.
(4) www.generation-tao.com
(5) *Wutao, pratiquer l'écologie corporelle*, Pol Charoy et Imanou Risselard, Le Courrier du Livre, 2011. www.wutao.fr
(6) *Trans-analyse, de la résilience à l'éveil de la conscience*, Imanou Risselard et Pol Charoy, Le Souffle d'Or, 2013. www.trans-analyse.com
(7) *L'analyse caractérielle*, Wilhelm Reich, Payot, 2006.

Qu’est-ce que le développement personnel peut apporter et qu’est-il vain d’y chercher ? En quoi se distingue-t-il des différentes psychothérapies ?

Muriel Rojas Zamudio

Muriel Rojas Zamudio est psychanalyste transpersonnelle certifiée Eurotas et Collège Francophone de Psychothérapie Transpersonnelle (CFPT), auteure de Place aux jeux de développement personnel *(Le Souffle d’Or, 2016).*

Afin de répondre à ces questions, il nous faut au préalable définir le développement personnel. Nous proposerons ici de partir du sens littéral de cette expression pour considérer que le développement personnel est l’ensemble des outils et méthodes visant à la croissance de l’identité individuelle[1].

1. En psychologie, nous pourrions parler du Moi ou de la personnalité, soit un fragment du psychisme global. Il existe diverses cartographies de l’espace psychique, parmi lesquelles les modèles d’inspiration psychanalytique freudienne (Jung, Assagioli, Grof, Wilber, etc.). Leur point commun est de ne pas réduire le psychisme à sa composante individuelle mais d’inclure une dimension collective et transcendante.

Si nous faisons abstraction de leurs fondements philosophiques, nous constatons que les différents courants psychologiques s'accordent sur le fait que la personnalité ou Moi est une construction parallèle au développement biologique de l'enfant : c'est par ses interactions avec les objets qui l'entourent et l'apprentissage de réponses à leurs sollicitations que celui-ci va prendre conscience de son existence et de ses spécificités (talents, préférences, difficultés, etc.). Ces compétences vont lui permettre de trouver sa place dans le monde, tant du point de vue existentiel que social.

Lorsque la subjectivité se développe harmonieusement, elle tend vers l'épanouissement de son potentiel à travers l'optimisation ou l'augmentation de ses ressources. Si cet élan est tourné vers l'intégration sociale à des fins de co-création (ex. mieux communiquer, mieux travailler en équipe, stimuler sa créativité en dépassant ses préjugés, apprendre à se ressourcer, etc.), l'individu gagnera à s'orienter vers le développement personnel.

Lorsque la structuration du Moi est laborieuse, tordue ou bloquée, un repérage des blessures est nécessaire pour les nettoyer et favoriser la cicatrisation. Un tel processus sort alors du champ du développement personnel pour pénétrer celui des psychothérapies. Comme l'a brillamment exposé Ken Wilber dans ses travaux sur le spectre de la conscience, à chaque stade de développement psychique et cognitif correspond une approche thérapeutique :

Aux stades dits « pré-rationnels » ou « pré-personnels », les traitements médicamenteux et thérapies visant à structurer le Moi (clinique des états psychotiques).

Aux stades dits « rationnels » ou « personnels », les cures analytiques (clinique des états névrotiques), les thérapies brèves cognitivo-comportementales (axées sur les croyances), les thérapies humanistes (axées sur le corps, les émotions).

Aux stades dits « trans-rationnels » ou « trans-personnels », la bascule du Moi vers l'Être implique une approche holistique incluant la spiritualité (courant transpersonnel).

Ce modèle théorique correspond aux réalités rencontrées par les professionnels de la relation d'aide sur le terrain : parfois un événement pose problème au conscient et/ou à l'inconscient – on parle alors de trauma – d'autres fois notre imaginaire nous raconte des histoires dans le but de nous enseigner ou nous guider[2]. Dans le premier cas, que l'on soit psychologue/psychanalyste/thérapeute, etc., il est possible de recourir à des outils utilisés

2. C'est le cas des rêves ou de l'imagination chez Jung ou du supraconscient chez Assagioli.

dans le développement personnel[3] ; c'est alors la posture assumée par l'accompagnateur qui permettra de définir ou clarifier le champ de l'intervention. Dans le second cas, la différence entre développement personnel et psychothérapie tiendra dans le niveau psychique sollicité : là où le premier cherche de meilleures performances du conscient, la seconde vise à nouer le dialogue avec l'inconscient pour déchiffrer sa vision du monde puis s'en servir de manuel au quotidien. Plus marquée dans les pratiques transpersonnelles issues des travaux de Jung et Assagioli, cette dernière démarche pourrait à la rigueur être qualifiée de développement transpersonnel dans la mesure où elle cherche à actualiser harmonieusement les possibilités conscientes et inconscientes de l'individu au-delà de son identité individuelle.

Il arrive enfin que l'évolution de l'individu le confronte à des questionnements existentiels malmenant son confort émotionnel, intellectuel, voire physique. Déprimé sans raison, il ne trouve plus de sens à sa vie, ses choix passés lui paraissent à présent dérisoires ou vains, etc. La tentation est ici forte de chercher le soulagement dans une méthode ou un outil, en faisant l'impasse sur la confrontation – pourtant

3. Ex. les Accords Toltèques ®, l'analyse transactionnelle, la communication non-violente, etc.

nécessaire et inévitable – avec sa souffrance[4] ; parmi eux, de nombreux exercices ésotériques (voire magiques) ont été vulgarisés et assimilés par le New Age[5]. S'il a indubitablement permis la régénération de la spiritualité en promouvant la personnalisation de sa pratique, ce mouvement a aussi contribué à entretenir la confusion entre mystique, développement personnel et religion. Or, une dépression existentielle est souvent ce que le psychiatre Stan Grof[6] nomme une crise d'émergence spirituelle (CES), soit l'appel intérieur à une reliance à plus grand que le Moi, à l'intérieur de son propre psychisme[7] ou en dehors[8]. Quelle que soit l'intensité des symptômes – de la perte d'intérêt pour la vie sociale quotidienne au réveil de la kundalini, par exemple – le discernement est essentiel

4. Nous pourrions mentionner également ici le mésusage des anxiolytiques, les médicaments n'ayant pas vocation à se substituer à un travail de psychothérapie mais bien à en permettre la mise en route lorsque l'angoisse est trop présente.

5. À entendre ici comme un mouvement de vulgarisation d'ésotérismes traditionnels, souvent dans une forme syncrétique.

6. Dont les travaux sur l'inconscient transpersonnel sont un apport majeur à la cartographie psychique et à la compréhension de nombreux troubles psychiques.

7. Chez Jung, le Soi, chez Assagioli, le supraconscient.

8. Pour la plupart des croyants de religions institutionnalisées, Dieu.

pour choisir dans le large panel mis à disposition par notre société le type d'accompagnement vraiment adapté à la traversée d'une telle période de turbulences. En effet, se laisser subjuguer par l'ouverture de ses canaux perceptifs (médiumnité, mémoires de vies passées, visions de corps énergétiques ou de personnes décédées, etc.), ou envahir par la terreur, peut conduire à un effondrement de la personnalité (troubles psychiques). Face à un tel risque, le développement personnel rencontre ses limites puisque l'objectif n'est pas ici de dynamiser des ressources latentes mais de maintenir une structure psychique suffisamment souple et solide pour intégrer l'expérience.

En conclusion, nous postulerons que le développement personnel est une approche éducative de la personnalité, qui permet d'acquérir des compétences autoréflexives, communicatives et relationnelles transférables à la vie en société. Plus simplement, c'est un ensemble d'outils et méthodes qui nous aident à mieux nous connaître pour donner au monde le meilleur de nous-mêmes ! En revanche, bien qu'il partage certains points communs avec les psychothérapies ou la spiritualité, le développement personnel n'a pas vocation à soigner nos blessures ou à nous connecter avec l'Être, en nous et au-delà.

Éthique du Sujet et développement personnel

Christophe Vandernotte

Christophe Vandernotte est coach et consultant. Il intervient au Conservatoire National des Arts et Métiers dans le master « Manager d'organismes à vocation sociale et culturelle » où il enseigne la méthodologie de la recherche-action dans une double perspective d'Éducation populaire et d'Économie sociale et solidaire. Il est spécialisé dans le coaching de transition à visée transpersonnelle. Il est l'auteur de La démarche autobiographique, une voie d'accomplissement *(Le Souffle d'Or).*

Nous vivons aujourd'hui dans un monde confronté à ce que René Barbier[9] appelait le « capitalisme sauvage », qui se caractérise par la marchandisation de la nature et

9. René Barbier (1939-2017), professeur émérite à l'université Paris 8 Saint-Denis, promoteur de la recherche-action en France, a proposé pendant plus de 20 ans un cours sur Krishnamurti dans le cadre de son enseignement au sein du département des sciences de l'éducation.

l'assujettissement des individus à un système économique organisé pour optimiser le profit financier d'une minorité au détriment des intérêts du plus grand nombre. Dans le même temps, nous assistons à une évolution fondamentale de notre société, à savoir l'individualisation des parcours et des trajectoires, et l'aspiration des individus à être reconnus comme Sujets uniques et singuliers. Dans cette perspective, en quoi le développement personnel devient-il un levier essentiel du processus de résistance et d'engagement vers d'autres modes de vie plus respectueux de soi, des autres et du vivant en général ?

Tout d'abord, il est nécessaire de définir cette expression aussi « parlante » que floue de « développement personnel ». S'agit-il d'une démarche spécifique ou d'un ensemble d'approches et de techniques plus ou moins hétérogènes qui se sont, au fil du temps, rassemblées sous cette bannière ?

Si l'on définit le développement comme l'« *action de déplier ce qui était enroulé sur soi-même* »[10], on pourrait alors considérer le développement personnel comme la démarche qui permet à un individu de déployer et d'exprimer l'ensemble de ses ressources et potentiels, une partie étant « cachée » et ignorée par lui. Ce processus permettrait à une

10. http://www.cnrtl.fr/etymologie/d%C3%A9veloppement

personne, quel que soit son âge, de s'ouvrir à une transformation de soi générant de fait un nouveau positionnement, tant sur le plan social, professionnel ou existentiel[11].

C'est sans conteste Alain Touraine[12] qui, dans le domaine de la sociologie, a le plus approfondi l'émergence du Sujet comme évolution majeure de notre société. En préambule, il souligne deux points importants : cette dimension de Sujet peut concerner aussi bien une personne qu'un groupe. Par ailleurs, le Sujet ne se confond pas avec la personne (ou avec le groupe) : c'est une posture que nous incarnons plus particulièrement à certains moments.

Comment définir alors cette dynamique du Sujet ?

1. Le Sujet est quête de sens

La dynamique du Sujet prend souvent sa source dans le voyage, dans le fait de quitter son environnement familial et social pour partir à la rencontre d'un « ailleurs », d'un inconnu

---

11. Chevallier N., Vandernotte C., *Accomplissement de soi et crise du mitan de la vie* (Le Souffle d'Or).

12. Directeur d'études à l'École des Hautes Études en Sciences sociales, auteur de nombreux ouvrages sur ce thème, et notamment *Un nouveau paradigme* (Fayard) et *Nous, sujets humains* (Seuil).

dont l'appel se fait insistant. « Queste » et questionnement se rejoignent dans la nécessité de trouver des réponses sur la vie autres que celles proposées par les figures d'autorité. Qu'il s'agisse d'un voyage intérieur ou extérieur (souvent les deux), l'individu se met à la recherche d'un sens qui ne peut émerger que dans une confrontation directe à l'existence, dans une disponibilité au présent, dans l'ouverture à de nouvelles rencontres, avec la nécessité de repousser les limites et les bornes définies par l'éducation.

2. Le Sujet se révèle dans sa résistance aux forces et aux pouvoirs qui cherchent à le soumettre

Construire une posture de Sujet n'est pas simplement affaire de simple choix ou de préférence personnelle. C'est d'abord et surtout la capacité d'oser aller à l'encontre des modèles existants et des voies toutes tracées. En un mot, d'échapper à la reproduction sociale. D'où la nécessité d'une forme de courage (dont l'étymologie nous rappelle qu'il s'agit de la voie du « cœur »).

En ce sens, le développement personnel devient engagement politique par l'introduction d'expérimentations et de modes de vie alternatifs dans la « vie de la Cité » (en échappant à la pensée unique et aux « idéologies » du moment). On est donc loin de la caricature d'un développement personnel qui ne servirait qu'à produire des « moi » boursouflés et tout-puissants !

3. Le Sujet veut être acteur de sa propre existence

Une personne qui souhaite s'affirmer comme Sujet revendique le fait d'être actrice de sa propre existence et, selon une terminologie propre à la recherche-action, devenir « auteur-acteur » en mettant en actes sa capacité d'autodétermination dont Deci et Ryan[13] nous disent qu'elle recouvre trois besoins fondamentaux que tout être humain cherche à satisfaire : le besoin d'autonomie, le besoin de compétence (avoir le sentiment d'être utile et de pouvoir apporter quelque chose) et le besoin d'affiliation (se sentir relié à d'autres).

4. Le Sujet est affirmation d'une liberté d'Être et de choix

Vivre en ayant le sentiment d'être Sujet, c'est d'abord et avant tout pouvoir faire des choix significatifs, en lien avec ses aspirations

---

13. Paquet Y. (éd.), *La théorie de l'autodétermination* (De Boeck).

profondes. Pouvoir dire oui à des opportunités comme dire non à des situations inacceptables, mobiliser son pouvoir d'agir pour des causes et des idéaux en lien avec ses valeurs, constituent des dimensions clés de la dynamique du Sujet.

5. Le Sujet est élan créatif

Être Sujet ne signifie pas uniquement « faire » : c'est s'engager dans une action qui sera avant tout « création, innovation, attribution de sens »[14], tant sur un plan individuel que collectif. Cet agir est aussi source de conscientisation à travers les échanges, les interactions mais aussi les conflits qui découlent nécessairement des postures existentielles et des visées divergentes.

6. Le Sujet est reconnaissance de la dignité de chacun

Souvent celui qui a lutté pour faire reconnaître sa dimension de Sujet devient un promoteur des droits et de la dignité dus, non seulement aux êtres humains, mais à l'ensemble des êtres vivants. L'altérité, c'est-à-dire le droit à la différence, constitue un axe essentiel d'un fonctionnement collectif où chacun peut

14. Touraine A., *Sociologie de l'action* (Seuil).

trouver sa place de manière authentique, sans « masque », en ne cherchant pas à offrir aux autres un autre visage que le sien.

7. Le Sujet est dégagement par rapport aux conditionnements socioculturels et aux places assignées

Cette dernière dimension est en fait première car toute éducation est d'abord un conditionnement dont la finalité est de favoriser l'intégration du jeune dans l'environnement socioculturel qui est le sien. Or, le processus d'individuation est sous-tendu par la mise en tension de deux pôles porteurs d'enjeux fondamentaux : un pôle qui est celui de l'intégration (sociale, professionnelle) et un pôle qui est celui de l'intégrité (pouvoir être soi dans toutes les sphères de l'existence). Cette tension conflictuelle peut être vécue très tôt dans un parcours comme elle peut émerger à un âge avancé : en fait, ce qui peut apparaître comme une « crise identitaire » peut advenir à n'importe quel âge, l'enjeu étant alors la construction d'un nouvel équilibre dans le rapport à soi, aux autres et à la vie.

On peut dire alors que le développement personnel est la voie qui permet à la personne de construire, au fur et à mesure de son expérience, une posture de Sujet en tant qu'être individué et en tant que membre de différentes communautés et réseaux, depuis la cellule familiale jusqu'à son appartenance à la Terre et au Cosmos.

Le Daïmon, une pièce essentielle dans l'émergence du Sujet

Étant engagé depuis plus de 30 ans dans une activité de coaching transpersonnel et d'accompagnement de transitions professionnelles et personnelles, j'ai acquis la conviction que chacun porte, dès sa naissance, un potentiel dynamique qui se caractérise soit par certains dons et capacités innés (quel que soit le domaine), soit par une vocation (au sens étymologique d'appel) qui se traduit par la conscience progressive d'une voie singulière à suivre. L'accomplissement du Sujet passe par la reconnaissance et la réalisation de ce potentiel.

J'ai choisi le terme Daïmon[15] (en référence notamment à Socrate et à Henri Desroche[16])

---

15. Chez les Grecs, le Daïmon est un « esprit » intermédiaire entre les dieux et les hommes. Lors de son procès, Socrate raconte que depuis son enfance, une « voix » se manifeste parfois à lui : elle ne lui dit jamais quoi faire mais l'empêche (ou lui déconseille) d'accomplir certaines actions.

16. Henri Desroche est le fondateur du Collège Coopératif de Paris et le créateur de l'autobiographie raisonnée. Auteur de nombreux ouvrages dont *Entreprendre d'apprendre* (Éditions ouvrières).

pour nommer cette influence mystérieuse à l'œuvre dans les trajectoires humaines en raison de sa relative « neutralité » qui n'implique pas de se référer à une croyance particulière, si ce n'est de reconnaître une forme de « transcendance » inhérente à l'expérience humaine.

James Hillman précise que la présence du Daïmon concerne tout un chacun : « *Tout se passe comme si un jour ou l'autre quelque chose nous poussait sur une voie particulière. Il arrive que la mémoire garde la trace de ce "quelque chose" : un signe à un moment précis de l'enfance, un appel pressant venu de nulle part, une fascination, un évènement étrange et inopiné tenant lieu de révélation : voilà ce que je dois faire, voilà ce qui m'attend. Voilà ce que je suis* »[17].

Il existerait donc en chacun un « motif » qui préfigurerait le cheminement à venir de la personne et, en tout cas, l'inspirerait en donnant une certaine inflexion à l'existence et en conférant « *le sentiment qu'on ne vit pas sans raison* »[18].

Une manière de qualifier l'action du Daïmon serait de parler de « rappel à soi », en mettant l'accent sur deux aspects : d'une part, il y

17. Hillman J., *Le code caché de votre destin* (Robert Laffont). Hillman a été le premier directeur de l'Institut C.G. Jung à Zurich.

18. Hillman J., *Ibid.*

aurait un potentiel préexistant chez la personne, d'autre part, ce potentiel, pour s'exprimer, impliquerait un certain cheminement et les manifestations du Daïmon n'auraient d'autre but que de créer les conditions favorables pour que la personne puisse s'y engager. Ces interventions pouvant s'opérer, soit sous la forme d'intuitions ou de perceptions sensibles, soit par le biais de synchronicités (coïncidences) remarquables.

Commencer à percevoir l'influence du Daïmon, pouvoir nommer des qualités ou des talents « naturels », constitue un des axes majeurs d'une démarche de coaching transpersonnel et un pas essentiel dans l'émergence du Sujet en chacun.

Autobiographie expérientielle et naissance à Soi

Dans l'ouvrage que j'ai publié aux éditions du Souffle d'Or[19], je présente une démarche que je considère comme essentielle dans le processus de « naissance à Soi » : il s'agit de la « Grille expérientielle ».

Elle consiste en une récapitulation de la trajectoire d'une personne depuis ses plus

---

19. Vandernotte C., *La démarche autobiographique, une voie* d'accomplissement, Le Souffle d'Or.

jeunes années à travers 4 champs d'expérience : le champ des études et de la formation, le champ des centres d'intérêt et des apprentissages autodidactes (ce que la personne a appris par elle-même), la sphère professionnelle et enfin, le champ des expériences sociales incluant les engagements associatifs, les voyages, les expériences interculturelles et toutes formes de projets et de créations.

Il serait trop long de développer ici les effets suscités par cette « cartographie » des ressources issues de l'expérience prise dans sa globalité[20], si ce n'est d'attester qu'elle constitue un matériau fondamental pour visualiser la tension entre logiques d'intégration sociale et d'intégrité personnelle, avec au milieu l'émergence potentielle du Sujet à la recherche de sa « juste place ». L'autobiographie expérientielle inaugure souvent un nouveau rapport à soi et aux autres et conduit à rechercher un meilleur équilibre entre engagements personnels, professionnels et sociaux et expression de ses propres potentialités et aspirations.

---

20. *Ibid.* Se reporter au livre où la méthode y est présentée de manière détaillée.

S'accomplir dans un monde en mutation

Au final, le développement personnel constitue aujourd'hui un domaine où, à travers la découverte de différentes techniques et approches, des individus se rencontrent et actualisent à la fois leurs potentialités et leurs capacités d'expression. Le fait qu'ils puissent s'appuyer dans le même temps sur des ouvrages de référence s'avère très important et il faut saluer ici le travail d'Yves Michel qui fut un pionnier voici 35 ans et dont l'engagement demeure intact aujourd'hui.

Processus d'individuation et intelligence de soi : la pensée de Jung en action

Geneviève Cailloux et Pierre Cauvin

Geneviève Caìlloux *est consultante, thérapeute et coach.*
Pierre Cauvin *est consultant en management et coach.*

Tous deux ont créé en 1989 Osiris Conseil, spécialisé dans le développement des personnes et des organisations. Dès 1985, ils ont introduit en France le MBTI puis en 1990, le Dialogue intérieur. Ils ont ensuite élaboré l'Intelligence de Soi qui, grâce au Dialogue intérieur, a développé l'aspect dynamique et opérationnel de la typologie jungienne. Ils ont alors créé leur propre questionnaire, le CCTI (Cailloux-Cauvin Type Indicator). Ils ont formé des milliers de professionnels de l'accompagnement. Leur école de coaching a reçu le European Quality Award et est inscrite au Répertoire National des Certifications Professionnelles.

Ils ont co-écrit Deviens qui tu es *réédité pour la 5e fois en 2018 au Souffle d'Or.*

Au cours des trente dernières années, les idées de C. G. Jung ont quitté le domaine de la psychanalyse et/ou celui de l'ésotérisme pour entrer dans celui du développement des personnes, tant dans la sphère privée que dans le monde de l'entreprise.

Nous avons été en France pionniers de ce changement et de son opérationnalisation. Notre propos ici n'est pas de décrire en détail nos démarches et méthodes mais de les replacer dans leur cadre originel.

Individuation et Moi Conscient

L'axe majeur de la pensée de Jung est le principe d'individuation, celui-ci étant défini comme « le processus par lequel un être humain devient l'être unique et déterminé qu'il est de fait » (CW 267). L'individuation est donc la réalisation du potentiel d'un individu, sa constitution en un système unique en interaction avec son environnement. L'individuation n'a rien à voir avec l'individualisme ; l'individu est cet être in-divis, cette entité autonome qui n'existe qu'en lien avec le reste du monde.

Il s'agit bien d'un processus, c'est-à-dire d'un parcours actif avec des étapes, dont le but est une conciliation des opposés qui coexistent en tout être humain. C'est alors qu'émerge le Moi Conscient, la capacité à embrasser les polarités contraires au lieu d'être sans cesse tiraillé entre les deux. Le Moi Conscient nous permet de sortir de la dualité du principe du tiers exclu, « ou/ou », pour entrer dans celui du tiers inclus, « et/et ». Il n'est pas une moyenne entre deux pôles, mais une voie nouvelle résultant de la tension entre eux.

Comment y arriver ? La sagesse millénaire met toujours à la base du développement la connaissance de soi. Spinoza entre autres a bien montré comment la connaissance de nos déterminants était le seul moyen d'y échapper, au moins partiellement. Quels outils avons-nous pour mieux nous connaître ? Quatre se détachent du lot ; les deux premiers sont plutôt tournés vers l'intérieur, les deux suivants vers l'extérieur.

La structure fondamentale de la psyché

Une des principales découvertes de Jung a été l'identification de huit fonctions psychiques fondamentales, à savoir, la Sensation, l'Intuition, la Pensée (rationnelle) et le Sentiment, sous leur forme extravertie ou introvertie. Ces fonctions se présentent sous forme de polarités opposées accessibles soit « naturellement », soit par un travail d'intégration. Elles permettent d'établir pour chaque individu une « carte » de sa psyché et le chemin optimum de développement.

L'approche typologique a donné naissance à plusieurs indicateurs qui en facilitent l'utilisation. Elle fait l'objet de nombreuses publications, dont nos propres ouvrages. Elle s'est révélée d'une très grande efficacité tant dans le domaine du développement des personnes que dans celui des groupes. Son succès même a pu lui nuire car conduisant trop souvent à des approches rapides et simplificatrices, survalorisant l'aspect descriptif au détriment de la dynamique de la psyché.

Notre théâtre intérieur

Les Drs Hal Stone et Sidra Stone ont, à travers leurs livres et leur enseignement, mis en évidence la pluralité de nos personnages intérieurs. De fait, loin d'être des personnes monolithiques, nous sommes des agrégats plus ou moins cohérents d'aspects contradictoires. En chacun de nous cohabitent des Dr Jekkyl et des Mr Hyde, fonctionnant eux aussi par paire d'opposés, un pôle dans la lumière, l'autre dans l'ombre.

À la différence des fonctions psychiques qui sont innées et en nombre limité, ces différentes « voix » résultent de notre adaptation à l'environnement et sont très nombreuses. On les considère comme des « Sous-Personnalités » ; elles ont une certaine autonomie dans la psyché ;

elles sont souvent l'actualisation spécifique à chacun des grands archétypes qui forment l'inconscient commun de l'humanité. On peut alors leur parler comme à des personnes réelles et on leur permet de s'exprimer totalement pour favoriser ainsi l'émergence du Moi Conscient.

Ces deux approches concernent l'individu en lui-même, il s'agit d'un travail de différenciation et de conciliation intérieur. Les deux prochaines nous amènent à nous colleter davantage avec le monde extérieur.

Bienheureuses projections

La projection est le fait d'attribuer à un autre une caractéristique que l'on ne peut ou ne veut voir en soi. Elle est positive quand on admire démesurément une qualité chez l'autre, elle est négative quand on abhorre un défaut. Dans les deux cas, elle se caractérise par une charge émotionnelle forte, l'autre ne méritant « ni cet excès d'honneur, ni cette indignité » ! Elle nous évite de nous remettre en cause en blâmant autrui.

A contrario, la prise de conscience de nos projections est un remarquable moyen de nous réapproprier ce qui nous déplaît en nous ou ce que nous n'osons pas nous reconnaître. Hal et Sidra Stone disent fort joliment qu'on devrait élever des statuts aux personnes qui nous insupportent ; elles sont en fait nos maîtres. L'exercice n'est pas facile, mais le retrait de nos projections est un des meilleurs supports de développement.

Les Scénarios relationnels

Lorsque deux personnes sont en interaction, ce sont en pratique des familles de Sous-Personnalités qui entrent en relation. Fondamentalement, un scénario se noue quand une partie « forte » de l'un vient soutenir une partie plus vulnérable de l'autre et vice versa. Un scénario est confortable quand les deux parties y trouvent leur compte ; il devient inconfortable dès lors qu'il s'approche d'une relation dominant-dominé.

Le Scénario relationnel est naturel : on ne peut pas plus ne pas en avoir qu'on ne peut pas ne pas avoir de Sous-Personnalité. Nous sommes ainsi faits. Expliciter un Scénario relationnel, voir en quoi nous sommes complémentaires et en quoi un Scénario relationnel nous enferme – qu'il soit confortable ou inconfortable – est un sûr moyen de connaissance de soi et de développement car cela nous permet d'accéder au Moi Conscient. Les relations deviennent alors pour chacun source de croissance.

Nous n'avons brossé là que les grandes lignes de ces quatre piliers du développement. Chacun d'eux recouvre des méthodologies et des manières de faire bien précises. L'essentiel reste cependant la quête du Moi Conscient, qui nous ouvre la liberté de choix sur des chemins nouveaux.

Les praticiens de l'Intelligence de Soi ont exploré nombre de ces chemins dans leur pratique professionnelle. Certains concernent l'individu : développement personnel, coaching privé ou professionnel, mobilité. D'autres concernent davantage le groupe : cohésion d'équipe, meilleure compréhension des processus de communication, de résolution de problèmes, d'apprentissage pour ne citer que quelques exemples parmi les plus fréquents. En tous les cas, le propos est de reconnaître les différences, la diversité des attitudes pour favoriser l'enrichissement réciproque. Et accomplir ainsi le vœu de Amartya Sen : « Dans le monde contemporain, l'espoir de trouver une harmonie repose dans une large mesure sur une meilleure compréhension de la pluralité de notre identité et sur l'idée enfin acceptée que cette pluralité est transversale ».

Développement personnel et éducation émotionnelle

Michel Claeys Bouuaert

Michel Claeys Bouuaert, thérapeute et formateur, vit le sud-est de la France. Président de l'association pour l'éducation émotionnelle, il se consacre essentiellement à la formation. Il a publié plusieurs ouvrages, dont Éducation émotionnelle, de la maternelle au lycée, *et* Le défi émotionnel, Nouveau projet pédagogique *(Le Souffle d'Or, 2018).*

Depuis Einstein, nous savons que tout dans l'univers est circulaire, ce qui implique que tout tourne toujours *autour d'un Centre*. C'est ce qui explique la gravitation, aussi bien que la loi d'attraction. Car si l'espace-temps ne peut exister que dans la circularité, s'il émerge d'un Point central, lui-même situé en dehors de l'espace-temps, il est aussi rappelé, tenu, *aimanté* par ce Centre dont il émerge. *Aimanté* est d'ailleurs un mot bien approprié, car, en effet, *l'amour* n'est qu'un autre mot pour désigner cette *force de cohésion* qui attire vers le Centre. Ce sont, à l'évidence, une seule et même chose. On pourrait nommer cette force autrement et l'appeler « *source de création* » ou « *puissance créatrice de l'univers* »…

Quel lien avec le développement personnel ? C'est assez simple. Nous possédons tous, par définition, un « Centre ». Un Centre qui se situe dans l'ici et maintenant, en dehors de l'espace-temps. Un Centre qui nous « aimante », qui nous offre sa force, sa puissance de « redressement », de rééquilibrage, son inspiration. Une puissance qui nous permet de rester en vie, de nous exprimer, de ressentir, d'être conscients…

Le nécessaire ancrage dans les ressources profondes de l'Être

Cette force intérieure qui nous habite tous représente un élément essentiel de notre nature humaine. Si on veut comprendre pourquoi et comment le corps est capable de se maintenir en bonne santé par ses propres ressources, c'est là une clé fondamentale. Si on veut comprendre comment notre intelligence émotionnelle se développe, ce l'est tout autant. Si on veut comprendre comment les enfants peuvent exprimer dès leur plus jeune âge des qualités d'amour, de pureté, de joie, de présence dans l'ici et maintenant qu'aucun adulte ne parvient à égaler, ce l'est tout autant. C'est que le corps émotionnel, lui aussi, possède son champ gravitationnel, son Centre. On peut réellement parler de ***gravitation émotionnelle***. Tout comme il y a une gravitation mentale : celle qui nous ramène à une pensée « centrée dans le cœur », équilibrée, inspirée.

Les compétences de ce qu'il est désormais convenu d'appeler *l'intelligence émotionnelle* sont par conséquent communes à tous les humains, où qu'ils soient et quels qu'ils soient : elles tendent à exprimer les qualités essentielles contenues dans notre Centre. Ces compétences sont universelles : l'amour-bienveillance, la joie, la sérénité, la sagesse, la confiance, la puissance, l'harmonie, l'équilibre… Elles ne peuvent que reposer sur cette *gravitation émotionnelle*. Elles sont l'expression de notre « Centre », émergeant comme une force de vie, s'efforçant de se *tenir debout,* en équilibre entre ce qui la pousse vers le haut (l'expression dans le monde de l'espace-temps) et ce qui la maintient enracinée dans le bas (notre centre individuel).

La question qui se pose, dès lors, est : *« comment pouvons-nous nous aligner davantage sur les ressources intérieures de ce Centre ? »* Car c'est là, bien entendu l'objectif essentiel de tout être. Un objectif étroitement lié aux grandes questions qui agitent nos esprits : quel est le sens de la vie ? Qui sommes-nous ? D'où venons-nous, où allons-nous ?

Le développement personnel est donc ce qui nous permet de développer un ancrage solide dans nos ressources intérieures. Ce développement se fait progressivement, par étapes. Un parcours qui évolue d'un stade de réactivité brute, incontrôlée, sans conscience claire ni capacité d'autorégulation, vers un stade où les compétences sont progressivement identifiées et intégrées. Les qualités et ressources profondes de l'être vont alors pouvoir se refléter dans les comportements de l'individu, et plus il avance, plus elles vont profondément transformer son existence. La vie est un processus de déconnexion en même temps que reconnexion. Il s'agit de parcourir ces différentes étapes qui permettent à *l'être essentiel* de se révéler, de déployer sa puissance, de libérer sa créativité.

Chaque individu est soumis à ce processus, même si on observe que la plupart des humains ne dépassent que bien difficilement les stades initiaux. On pourrait croire que ces niveaux de compétences sont innés et peu modifiables. Il n'en est rien ! Ils reposent sur des apprentissages. Des prises de conscience sont possibles à tout âge, et l'être humain termine souvent sa vie avec un peu plus de sagesse et d'équilibre que durant ses années laborieuses. Quel que soit le rythme de ce développement (parfois lent, partiel ou quasi inexistant), nous pouvons considérer que l'être humain évolue :

– d'un stade de **faible conscience,** soumise aux pulsions inconscientes, vers un stade de **pleine conscience** et d'intention claire ;
– d'un état **égocentré**, avec des besoins impératifs et une insouciance envers le monde extérieur, vers un état opposé, **altruiste et coopératif**, attentif et ouvert, capable d'équilibrer les besoins personnels avec ceux de l'environnement extérieur ;
– d'une **rigidité** froide et fermée vers une **fluidité** chaleureuse et ouverte ;
– d'un état de focalisation dans le **mental**, déconnecté du cœur, vers un état d'ouverture du **cœur** et d'équilibre tête/cœur ;
– d'un état de **conscience linéaire**, clivante, individualisante, séparant les éléments les uns des autres, vers un état de **conscience unifiante**, capable de rassembler et d'harmoniser ;
– d'un état d'**agitation**, de tension, de pression conflictuelle vers un état de **paix**, d'harmonie, de confiance et d'ancrage dans les ressources profondes de l'être.

Un parcours individuel et collectif

Au-delà du processus individuel, la société humaine dans son ensemble n'échappe pas à ce même parcours d'apprentissage. On peut observer une évolution comportementale qui va du stade de survie (clanique, compétitif, conflictuel) vers un stade de coopération et d'harmonie. Certes, avec des hauts et des bas, avec des différences selon les civilisations, des progressions et des retours en arrière… mais avec une tendance évolutive générale indéniable. La preuve en est qu'aujourd'hui, l'humanité terrestre se trouve dans un état d'éveil et de développement qui n'a rien à voir avec un quelconque stade de son passé. Ce qui fait la différence, c'est la capacité d'établir ensemble des rapports sur une base moins réactive, moins craintive, moins égocentrée. On observe une prise de conscience de l'interdépendance des individus et des peuples, une accentuation des modes coopératifs, un glissement des valeurs et des motivations vers davantage de multiculturalité, d'acceptation des différences, d'intégrité, de transparence, d'égalité, de justice… Il y a du progrès, mais il reste un gros travail à faire pour que collectivement, nous puissions révéler le potentiel de magnificence que recèle notre Centre.

Or, ce travail, il ne tient qu'à nous de le faire. Individuellement et collectivement.

Le progrès réel, une vie digne pour tous, un monde harmonisé, pacifique, libre et confortable pour tous, ne se construiront que sur la base de ce que nous sommes, de notre **qualité d'être**, de nos compétences relationnelles, d'une réelle atmosphère de bienveillance dans le monde entier. Tout le reste est subsidiaire.

Éducation émotionnelle : un ascenseur émotionnel collectif

Au-delà de ce que chacun choisira de faire sur le plan personnel, il s'agit également de mettre en place un ***ascenseur émotionnel collectif***. Et cet ascenseur s'appelle **l'éducation émotionnelle et sociale** : il faut assurer la mise en place de moyens pédagogiques ajustés et efficaces pour que les jeunes générations puissent acquérir les compétences nécessaires afin de pouvoir concrétiser cette société à laquelle tous les humains aspirent.

De nos jours, on observe un vaste mouvement planétaire qui va dans le sens du développement de la maturité émotionnelle de l'humanité. Sans exception, tous les continents, toutes les cultures y participent. Cela a démarré avec l'émergence de la psychologie et des sciences humaines il y a plus d'un siècle. Des outils psychothérapeutiques, des outils de développement personnel et des outils pédagogiques ont fait leur apparition puis se sont multipliés. En un siècle, la progression a été exponentielle. Lente au départ, elle a pris aujourd'hui un rythme accéléré. Les prises de conscience font tache d'huile. L'être humain se transforme, et avec lui, les modes de comportement, les méthodes, les stratégies pédagogiques.

Ce qui doit changer, ce ne sont pas des choix d'alternance politique. Ce ne sont pas des choix économiques, pour ou contre la mondialisation, pour ou contre une monnaie unique… L'exigence va bien au-delà. Il faut accompagner l'émergence d'une nouvelle humanité, d'un être nouveau. Non pas qu'il faille le créer : il se crée tout seul ! Il est déjà là, dans les jeunes générations. L'exigence est de se préparer à accompagner correctement ces jeunes générations. Leurs besoins sont différents des besoins qu'avaient leurs parents et grands-parents. Nous le savons, nous l'observons : les parents et les enseignants ont beaucoup de mal à les tenir. Ils sont impertinents, provocateurs, insolents, autonomes, précoces, curieux… Ils paraissent insoumis, mais cette insoumission est due à leur besoin d'une plus grande liberté. Ils veulent être acteurs de leurs apprentissages, et c'est bien souvent contraints et forcés que nous leur accordons des bribes d'une liberté mal cadrée.

Développement personnel et formation

La première exigence est celle d'une meilleure formation des parents, des enseignants et de tous ceux qui, de près ou de loin, sont concernés par l'éducation et la formation. Il s'agit de leur donner les compétences émotionnelles et relationnelles nécessaires pour qu'ils puissent mettre en place les conditions nécessaires qui permettent d'éveiller aux compétences d'être.

À terme, ce sont tous les secteurs d'activité qui devraient pouvoir bénéficier d'une formation incluant les compétences psychosociales et le développement personnel. Les acteurs dans le secteur médical, paramédical, social, psychologique, ainsi que les responsables dans le secteur administratif, judiciaire, en entreprise ou ailleurs, tous ceux qui exercent une quelconque responsabilité dans le domaine de l'éducation, de la santé, du bien-être social ou de la gestion des ressources humaines devraient également maîtriser des compétences fondamentales dans le domaine psycho-relationnel. Jusqu'à présent, les efforts de formation se concentrent sur des objectifs professionnels dans le but de favoriser les compétences techniques des intéressés. Il est temps de se consacrer davantage à la formation aux compétences psychosociales.

À l'heure actuelle, il subsiste encore – en France tout particulièrement – un principe solidement implanté que le « développement personnel » ne fait pas partie de la formation professionnelle. Le *personnel* et le *professionnel* sont considérés comme deux choses bien distinctes. Or, ce clivage doit être nuancé. Tout ce qui touche à l'éducation émotionnelle et sociale fait – et doit faire – partie intégrante d'une formation professionnelle complète. L'éducation aux compétences psychosociales comprend des *compétences d'être*. Il s'agit donc de « développement personnel ». Cela est vrai dans le domaine de l'éducation. Cela est vrai également dans tous les autres domaines professionnels. Certes, tout ce qui relève du développement personnel ne doit pas nécessairement être assimilé à du développement professionnel. Mais des éléments de développement personnel doivent pouvoir être inclus dans le développement professionnel, ce qui n'est généralement pas le cas aujourd'hui.

Pourquoi moi, pourquoi maintenant ?

L'éducation émotionnelle est au cœur du changement de notre société planétaire. Les parents s'y intéressent dans la mesure où ils découvrent qu'il existe des solutions plus créatives, plus positives, pour gérer les tensions familiales et améliorer les compétences de leurs enfants. Les écoles s'y intéressent parce qu'elles se débattent dans des problèmes de violence et de désaffectation. Elles découvrent en plus que l'éducation émotionnelle permet d'améliorer le climat scolaire, la vie des professeurs et la performance des élèves. L'OMS s'y intéresse parce qu'il est avéré qu'elle améliore l'état de santé et réduit les déviances diverses. Les entreprises s'y intéressent parce qu'elle améliore le climat de travail, la satisfaction des employés, la motivation, le bien-être de tous en même temps que la productivité... Alors, pourquoi donc faudrait-il se priver d'une approche qui fait ses preuves et qui n'offre que des avantages ?

Demain, dans 10 ans, dans 20 ans, rien ne sera plus pareil. Les rapports entre les humains se transforment rapidement. Les entreprises commencent déjà à être gérées sur une base plus participative. La bienveillance et la coopération *doivent* se généraliser sur cette planète. Les modes de gouvernance *doivent* évoluer. Les rapports humains et les activités humaines *doivent* se transformer. Si la jeune génération veut pouvoir être à la hauteur des enjeux auxquels elle va devoir faire face, nous devons l'y préparer. Et si nous ne voulons pas être en décalage complet par rapport aux jeunes générations, nous devons *nous* y préparer également.

Honorer le corps pour guérir l'humain et l'humanité

AnneEna et Nicolas Bernard

Auteurs des *Cartes du Corps*, éditions Le Souffle d'Or.

Nicolas Bernard est auteur de *Le Corps au Cœur de l'Homme,* aux mêmes éditions.

L'étrange être humain

L'être humain est une bête curieuse… tellement étrange qu'il n'est pas étonnant qu'il se croit généralement différent des autres animaux, au point de ne pas se sentir animal. Ce qui nous distingue, croyons-nous, ce sont : notre posture redressée, notre gros cerveau, nos mains habiles, notre langage articulé, notre fabuleuse capacité à transformer notre environnement, nos aptitudes créatives, artistiques, inventives… oui, tout cela est bien vrai : l'être humain a un comportement réellement extraordinaire, aucun autre animal que lui ne semble capable d'une telle inventivité.

Ceci dit, tous ces attributs vont dans le sens de nous considérer nous-mêmes comme une espèce supérieure… voire dans le pire des cas, légitime de dominer ou détruire les écosystèmes. Cette supériorité autoproclamée est une vieille histoire dans nos civilisations occidentales… héritage de siècles de religion et, plus récemment, de scientisme ancré dans les théories de Darwin.

Malheureusement, en dehors de ses prouesses techniques et artistiques, l'être humain « civilisé » démontre aussi qu'il est aujourd'hui l'espèce animale la plus dangereuse : *a priori* la seule dans toute l'histoire de la planète capable de détruire son propre environnement, de provoquer la disparition massive d'espèces, de se multiplier inconsidérément, d'appauvrir jusqu'aux sols et de polluer pour les millénaires à venir.

L'être humain moderne, en plus de sa dangerosité, est également nuisible à lui-même : une grande partie de l'humanité (et pas seulement dans les pays « en voie de développement ») vit très loin des conditions saines d'existence : manque d'espace, manque de temps, stress, baisse de la qualité des aliments… qui font que contrairement à ce que l'on entend couramment, il semblerait que l'état de santé de l'être humain n'a jamais été si mauvais. Sa taille, sa robustesse, la taille de son cerveau (1), l'état de ses os, de ses dents, ses performances physiques ne font que diminuer depuis la fin du paléolithique, c'est-à-dire depuis que l'homme a commencé à modifier son environnement de manière méthodique. Avec l'ère postindustrielle actuelle, la situation n'a fait que s'aggraver… sans parler du fait que tout simplement, il est en train de compromettre sa propre survie.

L'être humain coupé de son corps

Alors, qu'est-ce qui rend l'être humain fondamentalement si curieux ? Ses aptitudes ou sa folie ? Ou, doit-on penser que ce sont ses aptitudes qui le rendent irrémédiablement fou ?

Il semble qu'il existe encore quelques sociétés dites « primordiales » capables de vivre en bonne intelligence, de manière durable, avec la nature… c'est un espoir et une source d'enseignement.

Lorsque des personnes de ces cultures rencontrent nos sociétés (2) pour la première fois, que voient-ils ? Ce qu'ils voient d'abord, ce sont des êtres dont presque toute l'énergie est rassemblée dans la tête : des petits corps avec de gros cerveaux… des êtres coupés de leur corporalité.

Nous pensons avec eux, quelles que soient les raisons à l'origine de cette situation, que c'est là la racine de tous nos problèmes.

L'homme moderne est donc un animal qui réussit une incroyable prouesse : vivre en étant coupé de son corps… alors que techniquement, vivre c'est avoir un corps.

Nous sommes imprégnés d'une culture qui depuis longtemps sépare l'être : tout en haut, l'esprit, d'essence pure, voire immortelle, siège de notre véritable identité ; au milieu, les émotions, souvent encombrantes mais qui font notre humanité et en bas, le corps, siège des pulsions que l'on doit maîtriser.

Il y a une chosification du corps : aujourd'hui, sans être considéré comme le lieu du mal, il est souvent traité comme un véhicule que, pourquoi pas, on pourrait améliorer à coup de technologies variées… et atteindre une super-puissance allant jusqu'à défier la mort (3). Sans aller jusque-là, il est clair que pour la plupart d'entre nous, la relation à notre corps se limite à « j'ai chaud, j'ai froid, j'ai mal, c'est agréable, je suis fatigué, j'ai la pêche… » et avec le sport, une bonne nutrition, des massages, du yoga, on peut améliorer notre état pour permettre aux sensations agréables de dominer.

Mais en soignant notre corps ainsi, l'honorons-nous vraiment ? Entrons-nous vraiment en lien avec son véritable potentiel ?

Décider que le corps est un temple sacré vivant

Nous sommes partis d'un principe : nous ne nous incarnons pas pour rien, le corps n'est ni un véhicule ni une prison pour l'âme. Appuyés sur notre expérience vivante du chamanisme, de la danse instinctive, de la thérapie manuelle, nous avons fait le choix d'explorer les possibilités qui s'ouvrent à nous lorsque l'on décide de dialoguer avec le corps comme avec un être non seulement intelligent, mais réellement sacré.

Notre choix revient à dire : le corps est notre temple vivant, c'est en son sein que nous évoluons.

Nous avons regardé ce qui se passe lorsqu'on considère le corps à la fois comme un creuset d'alchimie et comme l'alchimiste qui opère notre grand œuvre (4).

Pour commencer, ce parti pris nous a amenés à changer notre regard sur les symptômes : plus question de les voir comme des marques de faiblesse, de manque d'énergie, des empêcheurs de vivre qu'il faut guérir… au contraire, nous nous sommes mis à les écouter comme des messagers.

On ne fait pas taire une alarme incendie : on va voir l'incendie.

En nous, l'incendie, c'est que notre façon d'être, avec nos manies, nos répétitions, nos modes compulsifs de protection ne sont plus en accord avec notre réalité présente.

De ce fait, nous considérons qu'avoir un symptôme est très bon signe : cela signifie qu'en nous, il y a de l'appétit pour grandir. Un symptôme est donc un appel et un signal pour dire : « Évoluons ! ».

La conséquence immédiate de cela est aussi de décider que finalement, même extrêmement malades, nous ne manquons pas d'énergie : celle-ci est simplement mal distribuée. Elle est accaparée par nos modes de protection… et comme les modes de protection sont en nous, cela veut dire que nous ne sommes jamais victimes. La possibilité d'évolution est toujours ouverte tant que la vie est présente.

En considérant la facilité avec laquelle la mort peut nous saisir, nous réalisons le miracle que cela représente d'être en vie, et cela nous amène à vraiment nous incliner devant l'intelligence de notre corps, et nous pensons profondément que ce n'est pas qu'il est juste résistant : nous supposons dans cette approche que le corps est gardien de l'étincelle de vie unique que nous sommes et qu'à chaque instant, il évalue la meilleure façon à la fois de préserver cette étincelle et de lui donner une chance de se déployer. Nous croyons donc que si nous sommes en vie, c'est que cette intelligence estime que ça en vaut la peine, qu'il y a en effet, à la fois dans les conditions extérieures et dans les ressources en nous, les moyens de déployer ce que nous sommes.

Lorsque l'on admet ça, c'est non seulement notre regard sur les symptômes qui change, mais également notre regard sur nos compulsions, nos raideurs, nos compromis… car on réalise qu'ils sont finalement au service de notre être.

Nous devons alors trouver des moyens pour réellement nous incliner devant l'intelligence de ce temple sacré vivant, afin de pouvoir entrer dans un dialogue qui cherche juste à savoir, qui laisse de côté toute velléité de l'équilibrer ou de le guérir, et qui simplement dise oui aux élans, aux limites, aux résistances, aux compromis… et, bien sûr, aux ressources disponibles pour évoluer.

Le corpus de description de l'être humain et des clefs de sa santé que nous allons évoquer maintenant est le résultat de nos années de recherche dans cette direction.

Guérir et grandir par le dialogue avec le corps

Comment dialoguer d'une façon directe avec le corps ? Il ne parle pas avec des mots.

Si je dis à mon corps : « Dis-moi tes limites, montre-moi tes modes de protection, parle-moi de tes ressources », je risque d'être confronté à un grand vide, et être tenté, une fois de plus, de m'en remettre à une instance extérieure à moi : un dogme, un thérapeute, un voyant…

Pour entrer dans le langage du corps, il faut un cadre, et il faut que ce cadre soit au plus près des lois naturelles. Il doit aussi orienter l'attention sans la contraindre pour que le cadre laisse la place à l'intuition.

Pour que le dialogue soit un véritable dialogue vivant, il doit être un système de portes et non pas des catégories toutes faites qui enferment.

Notre approche, que nous avons appelée « Les Neuf Souffles », est née parce que ce cadre nous est un jour apparu. Nous avons eu un jour l'évidence que l'anatomie du corps répond très exactement à un très ancien système de description des lois universelles des processus d'évolution qui a été transmis au début du siècle dernier par G. Gurdjieff (5). Ce système est l'ennéagramme des processus (6).

L'ennéagramme est très connu comme un moyen de décrire les types de personnalités et leurs interactions, et moins connu pour ce qu'il est au départ : une description précise des lois d'alchimie. C'est un modèle applicable à toute chose en évolution, qui décrit les étapes par lesquelles passer pour obtenir un changement qualitatif. Il s'apparente à un système cybernétique dans lequel toutes les étapes remplissent une fonction précise et sont en interaction les unes avec les autres de manière tout aussi précise.

L'ENNÉAGRAMME DES PROCESSUS

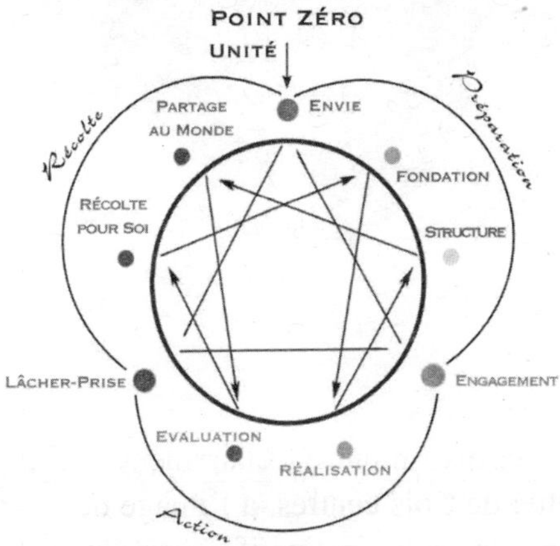

Par ailleurs, ce modèle découle naturellement d'une vision trinitaire du cosmos, largement répandue dans de nombreuses traditions, autant chrétiennes que païennes selon lequel l'être humain interagit avec trois mondes : le monde d'en bas (la Terre) associé à la vitalité, le monde du milieu (l'atmosphère) associé à l'enveloppement et le monde d'en haut (le ciel) associé à la connaissance.

LES 9 FAMILLES & LEUR LIEN AUX FORCES DU MONDE

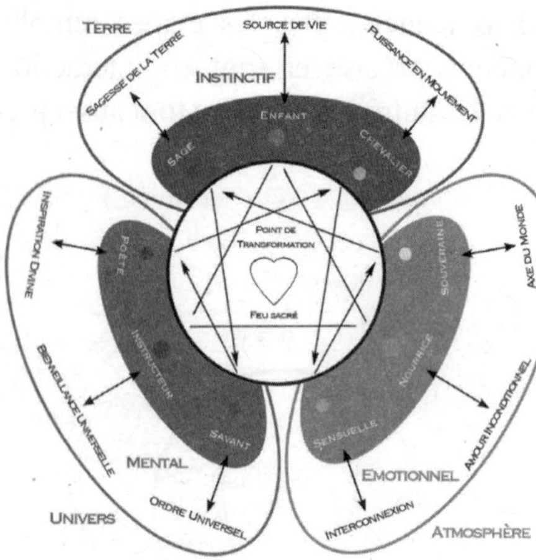

Le corps montre clairement qu'il est constitué de trois centres, à l'image de ces trois mondes : le centre instinctif (tout ce qui est sous les diaphragmes : bassin, ventre et jambes), le centre émotionnel (le dos, la poitrine et les bras) et le centre mental (la sphère de la tête).

Chacun de ces centres se subdivise de nouveau en 3 zones clairement définies, soit 9 zones principales que l'on peut aisément relier aux 9 étapes de l'alchimie.

Ces neuf zones se subdivisent de nouveau, et en incluant des organes particuliers dans le corps, dédiés à redistribuer l'énergie dans le monde, nous sommes arrivés à quarante zones essentielles dans le corps, très anatomiquement définies, pour plus de détails, voir notre ouvrage : *Les Cartes du Corps* (7).

En quoi cela nous aide-t-il à dialoguer avec le corps ?

Parce que nous avons fait le choix de nommer chaque zone du corps comme un personnage, porteurs de qualités et ayant une place spécifique dans notre alchimie.

Notre corps devient une communauté de personnages œuvrant ensemble à notre évolution personnelle.

Il s'agit d'une carte, non de la réalité… mais d'une carte qui ouvre des portes : lorsque nous posons une question précise (par exemple, « quelle est ma ressource pour surmonter telle situation ? »), le corps au travers de nos sensations (ou d'une carte tirée de notre jeu) nous montre une zone précise, et au travers de cette zone un personnage, une qualité. Nous pouvons alors poser toute notre attention là, cueillir les sensations qui émergent, les laisser grandir. Quand la sensation grandit, des émotions, des images et même parfois des mots montent… qui nous parlent de la réponse à notre question (ici, nos ressources)… et nous pouvons donner du poids, dire oui. Si nous avons besoin, nous pouvons confronter les messages reçus avec les sens de cette zone.

Peu à peu, question après question, ressenti après ressenti, une histoire se trame, qui si elle est bien menée, met en lumière tout un paysage intérieur qui n'aurait pas été accessible ni mentalement, ni par le fait de notre seule intuition.

Guérir l'humain, réparer l'humanité

En voyageant dans un symbolisme tel que celui-ci, au travers d'étapes précises de questionnements, nous effectuons, simplement, une œuvre de réconciliation avec notre corps car nous cheminons comme au travers d'un rituel balisé dans l'histoire unique qui vit en chacun de nous.

Nous remettons notre intelligence corporelle dans le sens de la vie, et non plus de la survie, afin qu'elle nous étonne et que nous nous déployions au-delà de ce que nous pouvons projeter mentalement.

Nous permettons à notre communauté intérieure, en se sentant reconnue, de retrouver un fonctionnement circulaire, de quitter ses protections sclérosantes.

Nous sommes certains que la société que nous créons est à l'image de ce que nous sommes dedans : permettre une communauté saine en chacun de nous est selon nous le passage obligé pour créer une société saine, libéré de ses modes de domination qui nuisent aux individus, au collectif et à la planète.

Nous sommes très heureux de constater que de très nombreux thérapeutes suivent des recherches parallèles aux nôtres et que de plus en plus de personnes sentent combien leur corps est précieux et ont soif de le redécouvrir. C'est pour nous le signe d'un changement très positif à venir pour la société tout entière.

La thérapie « psycho-corporelle » est de plus en plus reconnue comme un moyen des plus efficaces pour amener chacun à l'authenticité de qui il est, et nous sommes fiers de participer par notre travail à ce mouvement en proposant des outils accessibles à tous.

Nous espérons que les bases que nous avons posées sont des graines pour ce renouveau collectif que nous pressentons et appelons.

Bibliographie

(1) Balzeau A., Gilissen E., Grimaud-Hervé D., « Shared pattern of quantified endocranial shape asymmetries among anatomically modern humans », great apes and fossil hominins. *PLoS ONE* 7 (1) : e29581.

(2) Julien Éric, 2001, *Le chemin des neuf mondes – Les Indiens kogis de Colombie peuvent nous enseigner les mystères de la vie*, éd. Albin Michel, 288 p.

(3) Vergely Bertrand, 2015, *La tentation de l'homme-dieu*, éd. Le Passeur, 144 p.

(4) Bernard Nicolas, 2014, *Le Corps au Cœur de l'Homme,* éd. Le Souffle d'Or, 315 p.

(5) Ouspensky P. D., 1974*, Fragments d'un enseignement inconnu*, Stock, Monde ouvert, 539 p.

(6) Vidal J. P., 2009, *L'ennéagramme envolutif*, Clefs du présent, 150 p.

(7) Bernard AnneEna et Nicolas, 2017, *Les Cartes du Corps, éd.* Le Souffle d'Or, 315 p.

Le développement personnel dans un monde devenu plus incertain et chaotique

Bruno Marion

Bruno Marion est futuriste, spécialiste des grandes tendances internationales et de l'innovation. Surnommé le moine futuriste, il partage avec nous un nouveau modèle basé sur les théories du chaos, accessible, immédiatement applicable, qui nous permet de naviguer dans l'incertitude, d'être plus résilient et même de profiter des crises.

Il a écrit plusieurs livres à succès sur les cultures asiatiques, ayant prédit il y a plus de 30 ans déjà l'émergence de l'Asie. Il est l'auteur de l'ouvrage de référence sur comment profiter du chaos et de l'incertitude : Chaos, mode d'emploi *aux éditions Yves Michel.*

Dans un monde en pleine évolution, le développement personnel est nécessaire à la fois pour ne pas être « largué » par l'évolution globale mais surtout pour être capable de comprendre, profiter et surfer sur ce tsunami des changements.

Dans un monde plein d'incertitude, un monde devenu chaotique, il est devenu nécessaire d'apprendre à apprendre, apprendre à désapprendre (ce que nous avons appris hier n'est plus valable aujourd'hui) et donc, de réapprendre. Il va falloir adopter un apprentissage « évolutif ». C'est une démarche de développement personnel permanent que nous devons entamer pour créer des émergences (d'organisation, de conscience) pour soi-même, ses proches, sa communauté et l'humanité.

Pourquoi un monde plus incertain ?

Le monde est plus incertain parce qu'il est devenu chaotique, au sens scientifique, pour essentiellement trois raisons : le nombre, la connexion et la vitesse.

Tout d'abord le nombre. Nous n'avons jamais été aussi nombreux sur terre. En moins de 200 ans, la population humaine est passée de 1 milliard à probablement plus de 8 milliards d'habitants. Et ces humains n'ont jamais été aussi connectés. Il y a aujourd'hui plus de téléphones portables sur terre que d'êtres humains et pratiquement, la moitié des êtres humains sont connectés à Internet. Les spécialistes des théories du chaos diront qu'il y a plus « d'agents connectés ».

De plus, les changements s'accélèrent, en particulier grâce, ou à cause, des évolutions technologiques. Des évolutions qui ont pris un caractère exponentiel ces dernières années sans que l'on sache aujourd'hui quand et surtout où cette évolution technologique va s'arrêter.

Le monde que j'appellerai « extérieur » (par opposition à notre monde « intérieur ») est ainsi en pleine évolution, en pleine mutation. De nombreux gourous technophiles parlent de la Singularité : le moment dans l'histoire où la puissance de calcul des ordinateurs va dépasser les capacités de calcul d'un cerveau humain. Robotique, génétique, neurosciences, intelligence artificielle, etc., toutes ces technologies ont plus progressé ces dernières années que ces derniers siècles. Et chacune d'entre elles est source d'autant d'espoir que d'inquiétude. Chaque révolution technologique est potentiellement capable de résoudre des problèmes actuels qui paraissent insurmontables (la faim dans le monde, les maladies génétiques, etc.) et en même temps capables de détruire l'humanité (les changements climatiques, le terrorisme, une intelligence artificielle devenue folle qui détruit l'humanité, etc.).

Qu'on le veuille ou non, on peut affirmer aujourd'hui que cette Singularité va se produire tôt ou tard. Et le seul espoir d'éviter une sorte d'apocalypse technologique, c'est d'être capable de faire émerger une autre Singularité que j'appelle la Singularité de Conscience face à cette Singularité technologique.

Pour que cette Singularité de Conscience se produise le plus rapidement possible, nous avons besoin de deux choses :

- Que chaque être humain trouve sa propre singularité. Qu'elle ou il trouve son altérité et puisse apporter à l'humanité cette singularité. Quelle est ma mission sur terre, dans cette vie ?

- Qu'ensemble nous contribuions à la Singularité de Conscience, seule susceptible de faire face à la Singularité Technologique. En particulier, comment construire une nouvelle manière de vivre ensemble et plus harmonieuse sur notre fragile petite planète bleue perdue dans le cosmos ?

J'ai trois conseils que les Théories du Chaos, mes recherches et mes rencontres m'ont inspirés, trois voies de développement personnel pour faire émerger cette Singularité de Conscience individuelle et collective :

- Une nouvelle forme d'apprentissage évolutif
- Trouver son rêve (son attracteur étrange)
- Profiter de l'auto-amplification et de l'effet papillon

L'apprentissage évolutif

Nous assistons déjà à l'émergence d'un nouveau type de personnes, capables de s'épanouir dans un monde toujours plus complexe et incertain. Ce type de personne possède une conscience évolutive. L'être humain est en effet capable de s'auto-observer, de réfléchir à son propre propos. Les humains peuvent être conscients de leur conscience, observer la façon dont ils observent le monde, comme ils peuvent apprendre à apprendre et évoluer en changeant leur voie d'évolution.

On peut aussi parler d'apprentissage évolutif. Celui-ci nous permet de réexaminer et de renouveler nos points de vue. Il nous offre la possibilité de reconcevoir nos systèmes à un plus haut niveau de complexité. En apprenant évolutivement, nous pouvons prédire l'émergence de situations autrement inattendues et être en mesure de les gérer.

Le cursus de développement personnel d'un tel apprentissage pourrait suivre les orientations suivantes :

- **L'acceptation de l'incertitude.** Pour maintenir notre bien-être émotionnel et psychologique, nous devons accepter l'incertitude, l'inattendu et l'absence de prédictibilité. Cela signifie, par exemple, être dans un état de flou ou de confusion et accepter cet état comme nécessaire dans un processus d'interaction avec un monde devenu chaotique.

- **La capacité à (re)construire ses croyances.** S'accrocher à des croyances absolues et irréfutables rend la vie très difficile dans un monde de changements incessants, imprévisibles et discontinus. Vivre dans un monde chaotique oblige à reconnaître la part que nous jouons dans la construction de nos propres croyances.

- **La capacité à se (re)créer.** Pour gérer l'incertitude, les individus se devront de stimuler leur capacité à l'auto-création. Les matériaux du monde physique, les machines, les ordinateurs ne se créent pas tous seuls (pour l'instant, en tout cas…). Cependant, l'humain porte en lui les graines de sa propre création, et peut constamment se renouveler, se guérir, se régénérer, se modifier et *in fine* se recréer. L'individu capable d'autopoïèsis (la capacité à se re-créer et ainsi maintenir son existence en permanence) peut maintenir son identité à travers le temps, tout en changeant et en se transformant pour s'adapter à un environnement en perpétuelle mutation.

- **Le soi en mutation.** Se considérer comme une identité singulière autonome, et intégrée à elle-même peut conduire à des contradictions, à des conflits internes et à un stress suffisamment important pour occasionner une dépression. Face à des changements accélérés, à une incertitude proliférante, le soi, qui est le socle absorbant et traversant tous les changements, doit se transformer et se considérer désormais comme faisant partie d'un processus en évolution et non comme un état stable. Conscient d'être toujours ce qu'il est au travers des différents modes qu'il expérimente, l'individu développe alors un soi doté d'une grande liberté et d'une très forte adaptabilité.

- **Désidentification.** L'aspect à la fois stable et adaptatif du soi évolutif peut gagner en efficacité si l'individu devient capable de se désidentifier. S'identifier complètement à sa fonction dans une entreprise, par exemple, pose un gros problème existentiel lorsque l'entreprise délocalise ses usines et que l'on est inclus dans le prochain plan social. À une époque de changements discontinus, imprévisibles et suffisamment accélérés pour s'enchaîner rapidement au cours de la vie d'une seule personne, s'identifier trop nettement à un rôle, un emploi, une émotion, une certaine manière de vivre devient problématique. La capacité à se désidentifier permet de devenir libre de choisir entre diverses actions ou comportements possibles.

- **Le moi observateur.** Savoir muter et se désidentifier devient plus facile lorsque l'on développe un « moi observateur ». Il s'agit d'un centre de conscience calme et stable qui garde toujours du recul sur le moi en action. Dans un environnement de turbulences et de changements permanents, un moi fonctionnel doit avoir un niveau de conscience plus haut. Pour cela, nous devons garder une part de notre conscience séparée du reste et ayant pour mission d'observer la conscience active. Ce moi observateur peut observer en silence le flot des événements, au-dedans et au-dehors du corps et de l'esprit, de façon détachée.

L'apprentissage évolutif nous aide à vivre dans l'incertitude, en facilitant la remise en question, voire la suspension totale de croyances potentiellement obsolètes ainsi que la création de nouvelles perspectives.

Trouver votre attracteur étrange. Trouver votre rêve

L'état de « chaos » du point de vue scientifique a plusieurs caractéristiques, en particulier :

- Il peut y avoir un ordre caché dans le désordre apparent : attracteur étrange et images fractales ;
- Dans un état chaotique, les phénomènes s'auto-amplifient ;
- Un état chaotique est l'état de transition vers un nouvel ordre, une émergence ou un effondrement.

D'après les Théories du Chaos, on découvre que ce qui paraît désordonné, ne plus avoir de sens, peut en fait avoir un sens caché. Elles affirment que, même si des événements sont divergents, apparemment désordonnés, statistiquement il existe un schéma de convergence nommé *attracteur étrange*. Un peu comme un fleuve qui va trouver sa « mer ». Il y aura des crues, des sécheresses, des obstacles, des surprises tout au long du chemin mais à la fin, le fleuve se jettera dans « sa » mer.

Ce que nous disent les Théories du Chaos, c'est que l'on peut trouver notre rêve, notre « attracteur étrange » : ce vers quoi nous voulons aller dans notre vie. Alors, choisissez votre rêve, votre propre « mer » que vous atteindrez, quels que soient les crues, les sécheresses, les obstacles et les surprises rencontrées sur votre route dans ce monde chaotique.

Et pour favoriser l'émergence de votre rêve et éviter l'effondrement en cours de route, profitez d'un autre enseignement des Théories du Chaos : l'auto-amplification, l'effet papillon. Dans un état chaotique, les phénomènes s'auto-amplifient. Ils s'éloignent de plus en plus de l'équilibre après ce qu'on appelle le point de déclenchement ou le *Tipping Point*. Un tout petit changement dans votre vie aujourd'hui va entraîner un changement demain qui va en entraîner un autre qui lui-même va en entraîner autre, etc.

Pour utiliser les phénomènes d'auto-amplification dans ce monde chaotique pour réaliser votre rêve, rien de plus simple : lisez votre rêve tous les matins !

Le chaos est mon ami

Dans un monde devenu plus incertain et chaotique, en pleine évolution, les vérités d'hier ne sont plus toutes vraies aujourd'hui. Il nous est ainsi nécessaire pour prospérer dans ce nouveau monde d'acquérir de nouvelles formes de développement personnel. Nous pouvons parler d'apprentissage évolutif. Nous devons apprendre à apprendre, apprendre à désapprendre et apprendre à réapprendre !

Dans le monde d'avant, « linéaire », pour changer les choses, il fallait être très puissant, président d'un pays, être très riche ou très nombreux et faire la révolution. Dans un monde chaotique, « non linéaire », grâce à l'effet papillon, vous n'avez jamais eu autant de pouvoir de changer les choses, de réaliser vos rêves.

Alors, dès aujourd'hui et sans plus attendre, trouvez votre rêve, lisez-le tous les matins et laissez les phénomènes d'auto-amplification réaliser votre rêve !

Chamanisme : avec ou sans plantes ?

Philippe Lenaif

Philippe Lenaif, auteur de Naissance d'un chaman, J'ai dansé avec mon ombre, *et* Explorations chamaniques *(Le Souffle d'Or).*

Hiver 1991 : un accident de ski mène l'auteur droit vers la paralysie de sa jambe gauche pour cause de traitements médicaux inappropriés. Après s'être enfui de l'hôpital, Philippe Lenaif, ingénieur de formation, se voit forcé de quitter la sécurité de son formatage cartésien pour plonger dans des dimensions inattendues de son être s'il veut récupérer sa mobilité. C'est le début d'un parcours conjuguant guérison spirituelle avec rationalité scientifique.

30 ans plus tard, reconnu par de nombreux chamans issus des 5 continents, Philippe Lenaif a développé son don inné pour les états modifiés de conscience et la communication avec l'inconscient, et est expert en guérison de traumatismes profonds. Il est à ce jour l'auteur d'un récit autobiographique chamanique en trois volets paru aux éditions Le Souffle d'Or ainsi que de deux CD aux musiques inspirées.

Une expérience de plus de 20 ans sur les états modifiés de conscience et la transe chamanique m'a permis de côtoyer et de collaborer avec de nombreux chamans de diverses traditions et régions du monde, dans le cadre de leurs pratiques respectives.

Chaque tradition s'adapte à son environnement et utilise les moyens que celui-ci offre pour atteindre les états de transe nécessaires à sa pratique chamanique. Chez les Amérindiens d'Amérique du Nord, tout comme chez les chamans mongols, c'est habituellement le tambour chamanique qui est utilisé pour induire l'état de transe. En Amazonie, chez les Shipibos-Conibos, c'est la forêt tropicale elle-même qui offre l'accès au mystère par le biais d'une association de deux plantes préparées en un breuvage psychotrope : l'*ayahuasca*. Au Gabon, dans les rituels Bwiti, c'est la racine d'*iboga*, râpée et principalement ingérée sous forme de poudre (parfois diluée dans de l'eau), qui provoque l'altération de conscience. Au Mexique, la nature aride fait don d'un petit cactus gris, le peyotl, que les chamans utilisent pour entrer en contact avec les esprits de la nature. À 4 200 mètres d'altitude, dans les Andes péruviennes, là où il n'y a plus rien que la montagne pelée – plus d'arbres pour faire des tambours, plus de chèvres pour utiliser les peaux, plus de lianes ou de racines pour faire des décoctions hallucinatoires – tout est essentiellement énergie, et les feuilles de la coca que tout le monde mâchouille pour supporter l'altitude sont un support de divination pour les prêtres andins Q'eros, derniers descendants des Incas. Dans les pratiques de type Vaudou, Candomblé, Umbanda, Santeria, c'est une combinaison de percussions, de chants et de danses pour les Esprits qui conduit à l'état de transe.

Les pratiques chamaniques sont également autant diversifiées qu'il y a de chamans dans le monde – chaque chaman accompli ayant une manière personnelle d'entrer en contact avec l'invisible et de ramener dans la réalité ordinaire les prescriptions des Esprits pour aider le patient.

Tant que les soins proposés sont de l'ordre de rituels d'offrandes, de chants, d'incantations, de connexion à la nature, de rêves éveillés… les risques pour les participants aux cérémonies sont très limités. Encore que, certains rituels ayant pour objet de rompre des cristallisations psychiques pour libérer l'énergie de vie, il peut arriver qu'une personne « fragile » se retrouve en état de transe puis verse dans la crise psychotique…

Parmi les nombreuses personnes qui embrassent les pratiques chamaniques comme voie de transformation, certaines se sentent particulièrement attirées par les cérémonies à base de plantes psychotropes et de substances enthéogènes afin de leur ouvrir les portes de la perception. En ce qui me concerne, je n'ai jamais ingéré la moindre substance pour accéder à ces états – il y a tout à fait moyen de s'y prendre autrement.

Un soir, lors d'une cérémonie avec un chaman shipibo où nous étions tous deux en transe, lui avec l'*ayahuasca* et moi sans, il a « vu » que je pouvais soigner sa femme et deux de ses enfants de maux pour lesquels il ne venait pas à bout. À la fin de la cérémonie, il m'a dit que c'était important de collaborer entre chamans, de mettre nos forces respectives et complémentaires en commun, et a demandé mon aide.

Dans ma pratique, j'ai développé une capacité à interagir, en état de transe très subtile, avec les contenus de l'inconscient en lien avec des émotions refoulées dont les traumas d'agression, de violence, d'abus… En touchant, en palpant le corps d'une personne, je peux rapidement y lire les mémoires enfouies et figées d'incidents non résolus – le corps étant le réservoir de l'inconscient – et y réamorcer un mouvement libérateur pour l'âme – c'est là ma compétence.

Au cours de la cérémonie du lendemain où sa femme et ses enfants étaient présents, j'ai réalisé que l'épouse n'avait jamais fait le deuil d'un enfant mort-né 14 ans plus tôt – tout avait été refoulé pour je ne sais quelle raison, et que les enfants étaient sous stress du fait du capitalisme qui les encerclait de plus en plus et menaçait leur style de vie jusque dans la forêt amazonienne. Ce type de « douleurs » ne faisait pas partie de ce à quoi était confronté quotidiennement le Shipibo alors que moi, si les Indiens ont très peu d'émotions refoulées, tandis que nous, nous en avons à profusion.

J'ai ensuite eu maintes fois l'occasion, par le toucher, de « lire » les contenus de l'inconscient de ces gens devenus des amis, et c'est à ce titre que je peux avancer que leurs structures psychiques et les nôtres sont très éloignées les unes des autres.

Il faut avoir en tête que l'éducation des Indiens se fait dans le respect, la préservation et l'organisation des instincts – cette part de nature originelle en nous qui fait le lien entre nous et la nature tout autour. Alors que nous Occidentaux, pour reprendre Herbert Marcuse, nous grandissons dans un système où les restrictions instinctives se sont toujours plus renforcées au cours de l'histoire de la civilisation : le pouvoir de nos instincts est incompatible avec une société qui cherche l'efficacité de la « domination organisée » et qui tend à séparer les personnes, à mettre des distances entre elles, à pervertir les relations spontanées et les expressions de type animal.

Cette profonde différence dans l'éducation et la préservation de la nature profonde des individus explique l'écart qu'il y a entre la structure psychique des Indiens et celle des Occidentaux. Les Indiens souffrent très peu de névroses comme les nôtres et leur niveau de stress émotionnel ne dépasse pas dix pour cent sur une échelle où le nôtre se situerait entre quatre-vingts et cent. Quand une dizaine d'Indiens se retrouvent devant leur chaman, celui-ci perçoit une communauté, un groupe d'individus en lien entre eux, avec peu de contractions égotiques, peu de comportements ou de préoccupations hautement individualistes. Il peut chanter quelques *icaros* (chants sacrés de guérison) collectifs qui toucheront tout le monde individuellement et terminer sa séance sans trop de fatigue.

Quand ce même chaman a dix Occidentaux face à lui, même quand ceux-ci ont déjà un long parcours de transformation de leurs blessures et d'assouplissement de leurs rigidités, il voit dix individus cuirassés dans leur ego et profondément individualistes. Il doit donc s'occuper de chacun séparément – il ne peut s'appuyer sur aucun sens collectif puisqu'il n'y en a pas – et doit lutter encore et encore pour passer à travers les cuirasses caractérielles de chacun. Au bout de trois à quatre personnes, il s'effondre, épuisé.

Parmi les adeptes du chamanisme que j'ai reçus en séance individuelle pour des problèmes profonds, il m'est apparu que chez une partie d'entre eux, cet attrait pour le chamanisme était surtout une manière de se convaincre qu'ils faisaient du travail sur eux, ou en tout cas, qu'ils étaient prêts à en faire. Mais une fois les contenus de leur inconscient révélé dans le cadre de la séance, là où ils auraient eu à faire preuve de détermination et de courage pour aller à la rencontre de leurs ombres profondes, ils ont préféré retourner à du « faire » dans des activités et des rituels de type chamanique, afin de laisser leur attention se détourner de la tâche à accomplir à l'intérieur et se perdre à l'extérieur dans toutes sortes de projections, fantasmes, mythifications sur la nature, le tambour, les Animaux de Pouvoir... Quand des humains aiment trop les arbres, on peut suspecter une grande difficulté à s'aimer soi et ses semblables.

Chez d'autres n'arrivant pas à réduire leurs cuirasses et leurs rigidités psychiques par un travail thérapeutique sérieux de type psycho-corporel, par exemple, ils fantasmaient sur le fait qu'une plante exotique allait faire pour eux ce qu'ils n'arrivaient pas à faire avec les outils propres à leur tradition. Mais comme le confie Carlos Castaneda à Key Thompson pour *New Age Magazine* en 1993, ça n'est pas sans enjeux : « Don Juan me fit découvrir les plantes psychotropes au milieu de mon apprentissage, parce que j'étais si stupide et si arrogant, ce que bien sûr j'estimais être l'évidence de la sophistication. Je m'accrochai à ma description conventionnelle du monde avec une incroyable férocité, convaincu que c'était la seule vérité. Le peyotl servit à exagérer les subtiles contradictions de ma glose interprétative, et ceci m'aida à rompre avec la manière occidentale de voir le monde autour de moi et de m'en parler intérieurement. Mais l'approche psychotropique a un prix – la fatigue physique et émotionnelle. Il me fallut des mois pour m'en remettre. »

Lorsqu'un Indien Shipibo prend la plante, celle-ci ne produit pas du tout sur l'individu ce qu'elle produit chez un Occidental. Chez un Shipibo, elle va refaire l'unité en réparant les liens brisés entre l'individu, la nature et le divin, ou l'inspirer par des visions sur telle ou telle voie à prendre dans sa vie. Chez un Occidental bien rigide, la plante va faire la même chose que ce que cherche à faire le chaman, à savoir tenter de briser les cuirasses et de lapider l'ego afin de recréer le lien avec la nature profonde de la personne et y réinstaurer de l'harmonie… Le risque, c'est que si la personne n'a pas les ressources psychiques au moment où la plante passe le barrage, elle peut se retrouver profondément ébranlée au point d'avoir besoin d'un suivi thérapeutique solide pour se reconstruire. Parfois, c'est l'inverse : le bunker résiste tellement bien qu'il ne se passe rien du tout.

Lors d'une cérémonie d'initiation à l'*iboga* avec des chamanes gabonaises, je discutais avec elles après que les participants aient pris une dose légère de « bois » et soient allés s'allonger pour la nuit sur des matelas dans la salle commune. Au bout de quelques heures, quelqu'un vint me demander d'aller dans la salle, certains participants réclamant de l'aide et les chamanes ne sachant trop quoi faire. À chaque fois, c'était pareil : trop de rigidité, trop de contrôle mental, trop de contraction psychique, pas assez d'abandon, pas assez de fluidité émotionnelle pour laisser s'écouler les énergies que la racine libérait. Après avoir touché ces personnes quelques instants pour assouplir leurs résistances inconscientes, le calme revenait.

De retour auprès des chamanes, elles me confient qu'elles sont souvent confrontées à ces réactions de la part des Européens et qu'elles ne savent pas quoi faire avec ça – chez elles, au Gabon, ce type de réactions leur est étranger… Là encore, c'est, à mon sens, la psyché des uns et des autres qui fait la différence.

Si le chamanisme est vécu comme une ressource pour faire un voyage intérieur, responsable et sérieux en tenant compte d'où nous venons et de ce qu'il y a dans notre inconscient personnel et collectif, c'est un beau chemin qui relie au divin en soi. Si c'est pour fuir la réalité dans une recherche exotique d'un ailleurs meilleur et/ou se trouver une occupation pseudo-spirituelle, il faut doublement faire attention à ce qu'au détour d'un rituel, tout ce qu'on a cherché à éviter ne nous revienne sous le nez en retour de flamme. Comme le dit C. G. Jung : « Tout ce qui ne vient pas à la conscience revient sous forme de destin. »

Pour ce qui est de savoir si le chamanisme peut être assimilé aux outils de développement personnel, on pourrait se dire que oui dans la mesure où la pratique chamanique peut aider à approfondir la connaissance de soi, à développer ses potentiels, à augmenter sa qualité de vie, à répondre à certaines aspirations profondes… tous objectifs déclarés par les courants de pensée et méthodes propres au développement personnel. Toutefois, s'il est vécu comme une voie pour s'éveiller à des dimensions de soi plus profondes, en lien avec la nature, l'univers, l'invisible, le chamanisme offre d'autres possibles que le développement personnel. En effet, le développement personnel s'occupe essentiellement de la personne, celle-ci étant le centre de sa propre attention, dans une démarche de toute-puissance personnelle (sans que cela soit péjoratif). La dimension animiste du chamanisme force à l'humilité et ramène l'humain au même niveau que tout ce qui existe sur terre, sans hiérarchie de valeur. Dans le chamanisme, il y a cette notion de « faire partie » d'un « Tout plus grand » qui relie l'individu à toute la création et le ramène à son essence, à sa nature profonde.

De ce fait, le chamanisme apporte une nourriture spirituelle à l'âme là où le développement personnel vient soutenir et ressourcer le psychisme de l'individu. Formulé autrement, le chamanisme s'intéresse plus à la dimension verticale et sacrée de l'être là où le développement personnel s'occupe plus de la dimension horizontale et profane.

In fine, en résumé de ces considérations, toute personne qui aspirerait à changer en profondeur son regard sur elle et sur la vie devrait envisager à la fois, sa dimension psychologique à laquelle répondent les outils de développement personnel et les pratiques psychothérapeutiques, et à la fois sa dimension spirituelle à laquelle les traditions chamaniques peuvent apporter une réponse. Les deux approches sont nécessaires et non remplaçables l'une par l'autre si on veut embrasser toutes les facettes de notre humanité.

Des constellations familiales aux constellations archétypales

Georges Didier

Georges Didier est auteur, notamment de Constellations archétypales, Au cœur du père, Peter Pan – la dispute, *avec Pierre Trigano,* Astrologie archétypale, Fonction paternelle et étapes de croissance *(Le Souffle d'Or, 2001), etc.*

Il a créé puis dirigé la revue REEL *et est aujourd'hui formateur en psychanalyse symbolique. Il est le fondateur des constellations archétypales.*

On ne présente plus les constellations familiales. Elles sont incontournables, passionnantes et surtout indispensables pour ceux qui veulent connaître et approfondir leurs fidélités transgénérationnelles inconscientes.

Les groupes de constellations familiales font parfois vivre de très fortes émotions qui permettent de mieux repérer les blessures et les amours venant de nos ancêtres.

Je trouve cela remarquable et il faut remercier Bert Hellinger pour cet apport.

En même temps, il ne faudrait pas que cette approche, essentiellement énergétique et émotionnelle, fasse oublier l'outil analytique.

Le levier de toute approche thérapeutique est celui de la différenciation. En ce sens, il s'agit, pour chacun d'entre nous, de passer d'une menace d'indifférenciation d'avec la matrice qui nous a accueillis et qui pourrait nous intimider, à un chemin de distinction, de maturité et de différenciation adulte.

Comment alors combiner cette appartenance par fidélité au transgénérationnel, voire au collectif, et le besoin, justement, d'en sortir ?

C'est ce que tentent les constellations familiales. Elles partent de l'idée qu'en dénouant les attachements inconscients, elles vont libérer émotionnellement le sujet.

Et cela est certainement vrai.

Néanmoins, plusieurs réflexions peuvent apparaître.

Pour l'analyste, ce ne sont pas tellement les personnes qui sont importantes dans l'histoire transgénérationnelle, mais les archétypes qui sont dans l'inconscient.

Par exemple, celui du matriarcat. Peu importe qu'il soit advenu par la figure de la mère ou par la figure de la grand-mère. Elles-mêmes étaient dominées par cet archétype du matriarcat qui vient de loin, notamment lorsque la fonction paternelle est défaillante. Donc, il semble intéressant de traiter le problème par les personnes (constellations familiales), mais aussi à travers les archétypes (constellations archétypales) qui traversent le transgénérationnel. Cela est plus universel, en ce sens que les archétypes viennent du collectif.

Un autre exemple : l'inceste. Même chose. Il peut être intéressant de rejoindre les fidélités à des êtres qui ont connu ou subi un inceste ou une ambiance incestuelle dans l'histoire. Mais ces personnes étaient elles-mêmes soumises à cet archétype incestueux qui peut voyager aussi bien chez les pères que chez les mères et qui traîne depuis des millénaires dans l'inconscient collectif.

Il y a donc une vigilance à tenir vis-à-vis des fidélités aux personnes. Car cela libère, mais aussi cela peut maintenir une sorte de dépendance à une sorte de grand corps familial, voire matriarcal… dont l'analyse demande de sortir. Notamment en privilégiant la parole, c'est-à-dire l'accès au symbolique.

Le danger pourrait être, en privilégiant la médiumnité à l'histoire des autres, d'oublier la nécessaire différenciation et justement, le recueillement… qui demande d'être centré sur soi et non pas sur l'autre.

La parole, c'est l'abandon du « tout énergétique », pour rentrer dans une certaine distance d'avec l'autre pour élaborer la précision du désir et le germe intérieur qui veut éclore.

L'autre différence entre constellations familiales et constellations archétypales est la question, souvent non dite, de l'origine.

Dans une approche spirituelle, l'origine n'est pas la famille, mais le divin ou la source, ou le Soi, comme disent les analystes jungiens.

En clair, la source est venue, à travers chaque naissance et à travers chaque vie, rencontrer des archétypes encore indifférenciés dans l'inconscient collectif, pour les remettre en dialogue.

Ce qui mène la réalité n'est donc pas le moi, mais le Soi qui est au centre de toutes choses.

Et le Soi désire s'accomplir. C'est pour cela qu'Il vient rencontrer son propre inaccompli (les archétypes tragiques indifférenciés) pour les remettre en marche. En clair, pour reprendre sa marche de différenciation au sein même de l'humanité.

Car ce qui est attendu, c'est une communauté différenciée heureuse où le Soi pourrait habiter tous ses propres visages qui vivraient leurs différences comme une complémentarité.

C'est l'enjeu des constellations archétypales qui posent le Soi comme étant au centre de toutes les psychés et qui demandent de lâcher prise à tout pouvoir.

La réalité n'est que symbolique, disait Jung.

Grandir !
Une réflexion, un témoignage, une invitation.

Dominique Vincent

Dominique Vincent, auteur de Le Jeu du Roi, *et de* Au-delà des jeux de pouvoirs, *Le Souffle d'Or, et de* Le couple sur la voie tantrique, *A.L.T.E.S.S. – Coauteur de* Quand la conscience s'éveillera, *L'Harmattan.*

Grandir, oui bien sûr, nous le désirons tous. Pourquoi cela nous est-il si difficile ? Peut-être nous faut-il reconnaître que, tels que nous sommes, nous ne sommes pas libres !? Nous sommes mus par des programmes biologiques et sociétaux, par des croyances qui nous viennent de nos ancêtres, de la religion, du système éducatif, et qui nous limitent dans notre expansion. Nous pouvons libérer notre potentiel, et devenir pleinement nous-mêmes. Nous pressentons que ce potentiel est là, immense, multidimensionnel. L'essentiel du chemin serait de reconnaître et d'accepter tous les défis que la vie nous présente, dans notre intériorité et dans les évènements extérieurs, pour y répondre le mieux possible. Cela passe par la connaissance de soi, l'écoute de nos ressentis et notre capacité à entrer en relation, à aimer.

Le terme « personne » vient de la racine grecque *persona* qui signifie le son, la parole qui passe à travers le masque de l'acteur de théâtre. Puis le mot a désigné le masque lui-même qui, paradoxalement, cache et révèle le rôle, la posture intérieure et le monde de l'inconscient. Ceux qui ont joué avec un masque neutre selon l'école du mime et acteur Jacques Lecoq, ont compris ceci : en mettant ce masque, nous masquons notre visage habituel qui est l'interface entre la vérité profonde de notre être et ce que nous voulons donner à voir aux autres. Mettre ce masque neutre, c'est jeter notre masque habituel et révéler la vérité profonde de notre être au-delà de nos efforts plus ou moins conscients de dissimuler et de paraître. Sans visage, le corps tout entier dans ses moindres gestes devient signifiant, un véritable livre ouvert. Pour le psychologue Jung, la *persona* est une fonction d'adaptation sociale. Une grande question se pose alors quand nous utilisons le mot développement personnel : « Recherchons-nous notre vérité profonde ou faisons-nous une tentative supplémentaire de nous adapter, voire de nous sur-adapter, pour mieux réussir, socialement, amoureusement… ? »

Dans notre travail, conjoint ma partenaire Marie-Anne et moi-même nous visons l'intégration la plus complète possible de chaque personne. Au-delà du seul mieux-être, cela implique la dimension existentielle, un chemin de pleine conscience au sens du bouddhisme et du Tantra traditionnel, d'Eckhart Tolle, de Byron Katie, d'Osho… Nous considérons le développement personnel et la thérapie comme des étapes préliminaires à la pratique méditative et à l'expérience de l'infini de l'amour.

Qu'est-ce que le développement personnel aujourd'hui ?

Pour le savoir, je vous invite à regarder ce qui est proposé comme tel dans les livres, revues, séminaires. Un survol d'Internet indique qu'**il s'agit de la recherche de son bien-être au quotidien**, être bien avec soi et avec les autres. Les outils proposés sont multiples : méditation, alimentation saine, jeûne, soins corporels, santé naturelle, sexualité vivante, yoga, musiques de relaxation, voyages initiatiques, rencontre avec le monde de l'invisible… la liste semble n'avoir pas de fin.

Nous pouvons placer tout en bas la satisfaction sexuelle, ensuite l'amour et, tout en haut, le silence extatique et vibrant que certains atteignent au cours de leurs méditations. Personnellement, je considère que tous les niveaux sont liés dès que nous mettons de la conscience et de la bienveillance pour identifier et répondre à nos besoins. Tout a sa place et nous ne pouvons atteindre le dernier barreau de l'échelle si les premiers manquent. Le mystère de l'existence est tout aussi présent dans la jouissance sexuelle que dans la méditation, cela dépend du Cœur, du respect, de la présence, que nous y mettons. Alors tout devient méditation, y compris l'acte sexuel lui-même. En France, il semble que beaucoup ont perdu la capacité à reconnaître l'importance de la spiritualité, de l'enchantement, de la transcendance. Pourquoi ? J'y vois l'effet délétère d'une laïcisation à outrance, de l'enfermement psychologique dus aux médias, de la réduction du citoyen à sa valeur économique. Dans d'autres sociétés, l'extrême pauvreté risque d'être compensée par la recherche consolatrice du religieux, sans qu'il y ait de changement du niveau de conscience. Marx a dit : « La religion est l'opium du peuple ». Je dirais pour nuancer, une certaine façon de vivre la religion.

Pour résumer, il me semble que le développement personnel provient d'une aspiration naturelle, d'un besoin profond de devenir complètement soi-même. Tout ce qui concerne le développement d'une personne – c'est très large comme concept –, l'éducation, la psychothérapie, mais aussi le sport, la danse, les arts martiaux, le yoga, la création artistique…, peut entrer dans le champ du développement personnel. Tout cela contribue à notre épanouissement.

Qu'est-ce qu'une personne ?

Comment aborder le développement personnel sans savoir qui nous sommes ?

À un moment ou à un autre, une séparation, une maladie, nous sommes amenés à nous poser des questions fondamentales : Qui sommes-nous ? D'où venons-nous ? Que nous arrive-t-il au moment de la mort ? Tout cela a-t-il un sens ? Dommage qu'il faille si souvent un choc majeur pour nous réveiller ! Sommes-nous vraiment un être humain si nous ne nous posons pas ce genre de questions, et si nous ne prenons pas le risque d'élaborer nos propres réponses ?

Les anciens nous disent : « Chacun de nous est un microcosme, une partie du Tout qui contient le Tout en même temps qu'il tient une place spécifique dans ce Tout ». D'où l'affirmation socratique : « Connais-toi toi-même et tu connaîtras l'univers et les dieux ». En langage scientifique, on parle d'hologramme. L'effort d'observation de soi, d'acceptation des ressentis en pleine conscience, ouvre à la connaissance de l'univers. En nous-mêmes, nous prenons conscience que nous sommes conscience. Nous prenons conscience de notre volonté naturelle d'expansion et des actions qui en découlent en permanence. Le monde entier est une émergence-action, et nous aussi, comme tout ce qui existe, comme tout ce qui est vivant.

Dans l'état de conscience habituelle, nous nous vivons comme des êtres séparés de la Source, de la Conscience cosmique, de l'énergie de l'univers. Quand l'illusion de séparation disparaît, la personne atteint l'étape suprême de son développement, l'expérience auto-évidente de l'unité absolue avec tout ce qui existe. Il n'y a plus à proprement parler de conscience individuelle, de volonté personnelle ni d'action égoïste. Il ne reste que la plongée dans l'espace immense de l'amour infini, ce qui, paradoxalement, nous invite à vivre intensément chaque instant qui nous est donné.

Un modèle dynamique du développement de la personne

Voici une modélisation de la dynamique de l'être humain qui s'est imposée à moi au cours des années. Cette modélisation est tout autant biologique qu'énergétique, émotionnelle, mentale et spirituelle. Elle s'intègre dans la perspective de la physique actuelle. D'abord, il y a le vide qui est tout sauf vide au sens habituel du terme. Il est vide parce qu'absence de forme spécifique, de phénomène observable. Par contre, il est plein d'une énergie fabuleuse et d'un potentiel illimité d'émergence et de déploiement. La réalité observable est une émergence et une spécification passagère de ce vide. Nous en sommes une émanation et nous ne cessons d'y appartenir. Les mystiques l'appelleront Dieu, le Tao, ou le Brahman… Ils nous affirment, pour en avoir fait l'expérience directe, qu'il est conscience, énergie illimitée, volonté d'expansion, générosité absolue. Ce qui en émerge n'est jamais n'importe quoi, mais est intelligent et organisé. Depuis la plus haute Antiquité, de Platon à Jung, les programmes préexistants dans le vide, qui vont donner forme à l'énergie, ont été appelés des Archétypes. Ce sont littéralement des modèles archaïques primordiaux qui agissent comme les programmes de nos ordinateurs.

Ce qui jaillit est un monde d'entités toutes plus insolites et plus merveilleuses les unes que les autres. Ce qui émerge détermine l'espace et le temps alors que le vide quantique demeure une source immuable conservant son potentiel illimité. Ce qui émerge est ce que nous pouvons appeler le visible et le connaissable. Le potentiel est le non-manifesté, le monde de l'invisible. Chaque individu est une aventure créatrice du vide, Sartre dirait du néant.

Pour comprendre ce processus d'émergence et de déploiement archétypal, utilisons l'image d'une fleur. Prenez une vidéo au ralenti d'un bouton. Vous le verrez grossir jusqu'à ce que son enveloppe se déchire, et que la fleur s'épanouisse. Puis elle se referme pour opérer dans le secret la formation de nouvelles graines. Cette métaphore exprime qu'il y a une longue période de temps dans l'obscur précédant l'émergence au grand jour. N'est-ce pas la même chose pour nous, êtres humains, un long processus dans l'invisible avant que nous n'apparaissions en tant que personne ? Chacun de nous sort du ventre de sa mère comme une fleur. Dépendant de notre environnement et des accidents de parcours, nous avons rarement eu la chance de nous épanouir complètement et c'est pour cela que nous avons besoin de l'aide que nous apportent les outils du développement personnel.

Un chemin initiatique archétypal

Jung a défini une succession d'archétypes qui font partie de notre inconscient individuel mais aussi d'un immense inconscient collectif.

Ils sont constitutifs de tout être humain et nous pouvons les actualiser au cours de notre vie : l'Ombre, l'Anima, l'inconscient féminin chez l'homme, et l'Animus, l'inconscient masculin chez la femme, l'Enfant Intérieur, le Soi. L'inconscient collectif est une autre façon de désigner le vide quantique.

Dans l'archétype de l'Ombre, il y a en nous la présence des pulsions individuelles refoulées qui poussent pour se manifester et dynamiser nos vies. S'y trouve aussi le potentiel qui nous relie à la Source qui émerge du vide et qui pousse vers notre épanouissement. C'est l'invisible en nous qui attend notre regard conscient pour s'actualiser. Les voies d'accès à notre ombre sont particulièrement l'analyse des rêves et le rappel des projections.

Sur le chemin de l'intégration, nous passons par l'expérience de la dualité, en particulier celle de nos couples intérieurs et extérieurs, du masculin et du féminin, du masculin en la femme et du féminin en l'homme, l'animus et l'anima. Le couple devient lieu d'apprentissage, de guérison et de transcendance dans l'union extatique de ceux qui se livrent corps et âme.

Nous devons retrouver l'enfant que nous avons été et qui, dans son innocence première, est l'Enfant Divin en nous.

L'archétype du Soi représente la personnalité accomplie qui passe par un processus d'individuation et nous mène vers l'expérience de notre appartenance au Tout.

L'inconscient est gestation, le conscient est manifestation, le présent, émergence spontanée et éternelle. Le développement personnel est le chemin paradoxal de soi au Soi, de notre présent à l'éternel Présent, de la tête au cœur, et plus encore…

L'accompagnement que nous avons développé, Marie-Anne et moi-même, correspond au chemin initiatique de Jung. Nous avons élaboré des séminaires qui visent – à dévoiler et à intégrer notre ombre avec un travail de transe-danse, de masques et de rappel des projections, – à découvrir et à pacifier la dynamique de nos polarités masculines et féminines en chacun et dans la vie de couple, – à dialoguer avec notre enfant intérieur pour guérir notre monde émotionnel et développer une tendre et chaleureuse bienveillance envers soi-même, – et finalement, à entreprendre une démarche d'auto-investigation qui permet d'accéder à l'expérience du Soi, au-delà de nos identifications limitées et limitantes.

Une dynamique archétypale au quotidien

Jung a mis en valeur la voie archétypale comme chemin de vie. Notre perspective est davantage portée sur les archétypes qui structurent l'expérience immédiate et qui sont des passages de l'inconscient au conscient, de l'invisible au visible, du potentiel à la réalisation. Ils déterminent à notre insu notre vécu émotionnel et notre mise en action.

- Le Roi représente le déploiement conscient et continu, et l'acceptation harmonieuse de notre potentiel. Il est l'archétype de l'intégration, donc de l'individuation, du Soi.

- Guerrier, nous nous mettons en mouvement avec détermination, nous affrontons la peur de la mort, nous passons de la rage à la véritable puissance.

- Artiste, nous développons et maîtrisons l'imaginaire, l'émotion, l'élan créateur pour plus de beauté et plus d'amour.

- Bâtisseur, nous empoignons le réel, nous utilisons notre intelligence pour comprendre et transformer le monde pour contribuer à la vie de la communauté humaine.

- Sage, nous vivons la transcendance et établissons des ponts entre le visible et l'invisible. Nous passons de l'agitation du monde à la paix intérieure.

- L'Inconnu représente notre ouverture au vide quantique, à l'immensité de ce qui est en gestation au plus profond de nous-mêmes. Il ouvre la porte à l'émergence et au déploiement de notre potentiel jusqu'au Soi en passant par les autres archétypes.

Nous avons élaboré cette modélisation archétypale pour la formation au leadership dans ce que nous avons appelé *Le Jeu du Roi/Reine*. Pour être leader de sa vie, il apparaît nécessaire d'être une personne en processus d'intégration continu.

Vers quoi allons-nous ?

Vers l'ivresse de la vie totale, l'enchantement du cœur, le sens du sacré, de l'émerveillement qui nous entraîne vers le dépassement de ce que nous pensons être. L'intensité, la joie, la danse, l'orgasme, l'ivresse extatique, celle de la transe choisie et cultivée qui demande engagement de tout l'être. Nous ne sommes plus et nous n'avons pourtant jamais autant existé.

Au travers et au-delà de la recherche de bien-être, le développement personnel pointerait-il vers ce dépassement de soi que beaucoup entrevoient sans l'oser ? Le dépassement de ce que nous croyons être vers la danse de nos cellules qui rejoint la danse du cosmos ? Nous sommes des dieux dansants. Dans les profondeurs de nos cœurs, l'ambroisie, le nectar de vie et d'amour, le parfum du bonheur qui seul peut sauver notre monde éclaté !

Dans l'état où se trouve l'humanité, sous la menace permanente d'un accident, ou même d'une guerre nucléaire, aux prises avec un effondrement écologique majeur, seule la puissance du rayonnement de notre amour peut infléchir le cours des évènements. Il nous faut sortir d'une vision étroite et égocentrée et nous ouvrir à une perspective globale et bienveillante de la planète. Nous avons le devoir, qui, paradoxalement, peut seul nous combler, de nous ouvrir à l'amour infini et à la conscience lumineuse qui sont notre véritable essence. Nous devons réussir car cette planète est trop belle et habitée de trop de personnes merveilleuses, pour la laisser dépérir sous nos yeux. Et c'est maintenant ou jamais, dans l'instant présent, que cela se joue dans nos regards, nos sourires, notre bienveillance, notre humour, nos efforts de vigilance et de pleine conscience.

Simplement se découvrir présence lumineuse et aimante.

Le couple intérieur : clé de l'épanouissement amoureux.

Jacques Lucas

Jacques Lucas est psychothérapeute et animateur de séminaires de Tantra depuis plus de vingt ans. Spécialiste du masculin et du féminin, il anime régulièrement stages réservés aux hommes en quête d'eux-mêmes. Il est aussi l'auteur de Les Cartes de l'Homme Nouveau, Tous les Chemins mènent à l'Homme, *et coauteur avec Marisa Ortolan de* Tantra, horizon sacré de la relation *(Le Souffle d'Or).*

Les polarités masculine et féminine nous structurent tous, hommes et femmes. Prendre soin de son couple intérieur ou réaliser, en soi, l'Alliance entre son masculin et son féminin, favorise l'épanouissement personnel ainsi que l'harmonie et la durabilité des couples.

En effet, un individu qui présente un déséquilibre de ces polarités cherche inconsciemment à compenser ses insuffisances à travers ses partenaires. Dans ces conditions, il est vraiment difficile de « réussir » un couple durable sans que l'un des deux « fasse les frais » de ce déséquilibre. Ainsi, un individu très Yang, très masculin, très actif attire habituellement un.e partenaire, à l'opposé, très féminin.e, passif.ve. Mais il est rare que cette relation tienne et satisfasse à terme les deux partenaires sans qu'ils n'entreprennent un travail portant sur l'équilibre de leurs polarités intérieures. Car il est impossible de se cantonner dans des comportements extrêmes sans risquer d'en souffrir ou de blesser son entourage.

Le déséquilibre des polarités masculines et féminines se manifeste de différentes manières.

Individuellement, c'est un sentiment d'incomplétude, la solitude qui est redoutée, parfois comblée par des addictions ou la dépression. Par exemple, des hommes trop féminins se sentent mal à l'aise avec les hommes qu'ils fréquentent. Et, même entourés de femmes, ils ne se sentent pas considérés comme des amants potentiels mais seulement comme des frères. Or, ceux qui manquent d'appropriation de leur masculin présentent une image « asexuée ». Et cela génère une dévalorisation et des doutes sur la virilité.

Dans le couple, souvent, ce sont des exigences, des frustrations, des déceptions qui apparaissent rapidement, voire des conflits. S'ensuit une perte d'intérêt qui provoque le déclin du désir. Le désamour n'est pas loin… !

Mais parfois, l'un des deux partenaires accepte une sorte d'amputation d'une partie de lui-même qui conduit au renoncement, à la résignation. Ainsi, les hommes fermés à leur féminin intérieur sont peu ouverts à leur sensibilité, et leur mode d'écoute de l'autre est réduit à l'intellect. Autoritaires et rigides, ils sont perçus comme blessants, voire maltraitants. Leurs femmes, souvent très féminines mais passives et soumises à l'autorité de leur conjoint, s'estiment mal-aimées, délaissées, négligées. Inversement, certaines épouses très « dirigeantes » s'attirent des hommes-enfants, insatisfaisants.

En général, les personnes au féminin bien développé sont sensibles, réceptives et empathiques. Et les êtres au masculin bien affirmé sont directs, tranchants et « pénétrants ». Ces deux caractères nous habitent mais nous en avons plus ou moins conscience. Quand on assume le mélange, en soi, des potentiels de ces deux polarités, la personnalité s'enrichit des qualités cumulées du masculin et du féminin. Un sentiment de complétude en découle.

Pour chacun, les nuances de genre sont nombreuses et leurs proportions variables. Cela contribue à l'originalité de chaque personnalité. Toutefois, pour être épanoui et rendre heureux son partenaire, il vaut mieux savoir gérer, en soi, ainsi qu'apprendre à composer dans la relation avec les caractéristiques du masculin et du féminin.

L'entourage, particulièrement les parents, a participé à cette construction durant l'enfance. En effet, les enfants ont besoin de s'identifier aux personnes de leur sexe. Notre père et notre mère ont donc été nos premiers exemples. Et cette influence perdure toute la vie. Cependant, il n'y a pas de parents parfaits. Et des dysfonctionnements familiaux plus ou moins graves poussent certain.e.s à s'identifier au parent de l'autre sexe ou bien, à être en lutte, déçu ou encore en carence du parent de même sexe. Ces situations nuisent à une construction saine de l'identité.

D'autre part, les jeunes assimilent souvent le genre au sexe. Pour devenir un homme, il faut être masculin comme papa et, pour être une femme, féminine comme maman. Or, un doute sur l'adéquation entre le genre (masculin – féminin) et le sexe peut secouer l'établissement de l'identité. Il nous faut donc nous approprier masculin et féminin sous peine de profond désaccord avec nous-mêmes. Mais se sentir être un homme ou être une femme n'est pas facile. Le savoir ne suffit pas !

En fait, nous avons tous reçu un formatage de la personnalité. Des traumas, des blessures, des frustrations ou des « castrations » ont sûrement contrarié ou bridé notre épanouissement ainsi que limité notre liberté à être pleinement nous-mêmes. En effet, le manque d'amour d'un parent crée un besoin intarissable de réparation, de validation et de reconnaissance. Or, l'adulte qui n'a pas travaillé sur lui-même reporte ses besoins de guérison sur son partenaire amoureux. Cela déforme, voire vicie la relation.

D'autre part, pour beaucoup, s'il est assez facile de définir l'autre, il est vraiment plus ardu de réussir à donner une bonne définition de soi-même. C'est troublant pour beaucoup d'entre nous. Ainsi, repérer les traits masculins et féminins d'un interlocuteur en observant ses comportements, ses activités et ses goûts mais aussi son énergie ainsi que la manière dont il parle est assez simple. Mais déterminer quelle est sa propre énergie, son « dosage » de masculin/féminin, demande de s'observer et de prendre du recul pour bien se connaître. Or, ces caractéristiques de genre participent à l'élaboration de l'identité ainsi qu'à la place qu'on souhaite prendre dans la société.

Alors, comment être en confiance et en amour avec un partenaire si on lui demande de valider son identité et son bon « fonctionnement » ? Et comment avoir confiance en soi et être détendu, en amour, si on doute de soi à ce point ?

Que faire pour accéder à l'Alliance du masculin et du féminin intérieurs ?

C'est l'exploration de ces polarités en soi ; leur appropriation et plus encore : le dosage et la maturation de ces principes intérieurs, fondateurs de la personnalité, qui équilibrent leur fonctionnement harmonieux. Un travail personnel s'impose. Ce puissant travail de découverte et de réalisation de Soi est également une base de la réussite des couples qui espèrent toujours au départ être durables.

La première des choses à entreprendre est de retrouver puis guérir les blessures qui ont affecté notre développement. On a vu qu'attendre que ce soit son partenaire qui le fasse est une erreur. Retrouver et « travailler » sur les traumas anciens permet de s'en dégager et de rectifier, modifier des comportements qui influencent encore l'adulte. Et assumer ses carences décharge le partenaire d'une relation « parent-enfant ». Alors, une relation « adulte à adulte » peut s'établir.

Ensuite, il reste à s'accepter et s'aimer soi-même. Cela induit une relation détendue, ouverte, propice à des partages riches et profonds ; dans l'ouverture et la tendresse.

Une bonne communication, franche et profonde, est fondamentale. Elle favorise une vie de couple plaisante. Mais souvent, se dire n'est pas suffisant. Et montrer ses sentiments, ses émotions sans se laisser emporter par des expressions excessives demande maturité, respect et maîtrise.

Toutefois, une bonne communication ne suffit pas. C'est l'engagement et l'amour inconditionnel, désintéressé que procure l'Alliance du masculin et du féminin intérieurs qui aident à fonder un couple sur d'autres bases que l'intérêt personnel égocentrique, égoïste. Cela requiert de cultiver le sens du respect (respect de soi et respect de l'autre conjugués) au point de ressentir ce qu'est la « dignité d'être Soi ».

Ainsi, lorsque les désirs, les attentes et les positions s'opposent ou divergent, des compromis sont parfois nécessaires. Pour le bien du couple, trouver une position intermédiaire rapproche. Un compromis prouve la bonne volonté de chacun face à une difficulté qui ne peut se résoudre qu'en coopérant ou en abandonnant une position radicale. L'amour s'en trouve renforcé. Néanmoins, les compromis doivent être justes et les efforts bien répartis entre les protagonistes sinon ils ressemblent à de la compromission.

Par exemple, quand l'un lâche systématiquement ses demandes, positions, etc., et que l'autre ne concède jamais rien. C'est sans doute la peur de perdre l'autre ou la peur de la solitude qui motive la continuité du couple. Cette attitude trahit un manque de confiance, d'amour de soi-même et de dignité.

Le compromis nourrit l'amour alors que la compromission tue la dignité.

Peut-on aimer quelqu'un qui prouve par ses compromissions qu'il ne s'aime pas ou qu'il ne se sent pas digne d'être aimé tel qu'il est ou encore qu'il reste dans le couple parce qu'il a peur d'être seul ?

Et puis, un couple épanoui continue à faire l'amour tout au long de son existence. Le plaisir d'être ensemble est un ciment qui commence par celui des corps et des cœurs, dans l'intimité, le désir doit être entretenu par la créativité et des jeux sensuels.

Ainsi, les enjeux qui se manifestent à travers la sexualité sont particulièrement porteurs de don et de dépassement de soi-même ainsi que d'évolution personnelle : image de soi, image de l'autre, rencontre et acceptation de l'univers fantasmatique de l'autre, etc.

Le Tantra propose d'allier l'amour, le plaisir des corps qui se rencontrent, la respiration et l'intention de rencontrer et aimer l'Autre de façon inconditionnelle. C'est ainsi que, parfois, la jouissance procurée par l'orgasme ouvre à une véritable extase qui est perçue comme une fusion, une Union Sacrée, Cosmique.

Ceci dit, dans un couple, le parfait équilibre, définitif, n'existe pas. Des situations, le temps et les évolutions du partenaire demandent une constante adaptation qui prouve la détermination aussi bien à réussir son couple qu'à se réaliser soi-même.

Si la remise en question de soi-même aboutit toujours à des transformations lorsqu'elle naît de la confrontation à l'autre, l'introspection constante et volontaire conduit à une connaissance de soi qui donne la liberté de faire des choix conscients et d'être vraiment Soi face à l'Autre.

Lorsque la recherche permanente de l'harmonie, en soi, devient une attitude naturelle, l'Alliance du masculin et féminin intérieurs s'incarne naturellement dans la relation.

Non seulement celui qui a réalisé cette Alchimie intérieure vit une cohérence, une complétude de sa personnalité mais il connaît également un certain « bonheur autonome » puisqu'il n'attend plus de l'autre qu'il comble ses manques d'amour et guérisse ses blessures. Il peut donner « gratuitement » à son compagnon ou sa compagne. Il peut aimer inconditionnellement.

Travailler sur ses polarités masculines et féminines intérieures, c'est se donner la chance de s'adapter, en conscience et en préservant une bonne qualité relationnelle, à un partenaire qui ne présente pas une symétrie de polarité. C'est aussi et surtout œuvrer pour réaliser le Soi, fruit de l'Alliance du masculin et du féminin créateurs.

Un couple qui dure et fonctionne bien (où chacun des deux partenaires s'épanouit) reflète une Alliance du masculin et du féminin intérieurs de chacun des partenaires. Il en résulte une intégration de tous les éléments qui constituent la personnalité. Cela mène à la réalisation du Soi qui est aussi le but d'une vie spirituelle engagée.

L'humanité au pied du mur

Fabien Rodhain

Fabien Rodhain, auteur engagé pour la transition écologique et humaine (BD, théâtre, romans...) www.fabienrodhain.com, fondateur de Codéveloppement Academy, qui forme des facilitateurs www.codeveloppement-academy.com

Au Souffle d'Or, il est l'auteur de L'Homme qui ouvrit les yeux *et* Le codéveloppement professionnel – guide du facilitateur.

Avant toute chose, il me semble essentiel de poser « d'où je parle », assumant ma subjectivité – dont la conscience me paraît être la seule véritable forme d'objectivité.

Convaincu que l'humanité est au pied du mur, sans doute face au plus grand défi qui se sera posé à elle depuis son apparition : la question de sa propre survie (en tout cas, dans des conditions à peu près agréables), j'ai structuré ma vie professionnelle autour d'un engagement pour la transition écologique et humaine. Je n'ai pas décidé de ce fait : mes activités se sont imposées à moi au fil des rencontres, de mes passions et prises de conscience.

Je suis aujourd'hui un auteur engagé, qui cherche à « parler aux cœurs pour toucher les consciences » : raconteur d'histoires, j'utilise la bande dessinée, le théâtre ou encore le roman pour transmettre mes convictions au plus grand nombre, et ainsi je l'espère, sensibiliser un nouveau public. Par ailleurs, j'ai créé un centre de référence en codéveloppement professionnel, qui forme des facilitateurs et sème l'intelligence collective, car je suis persuadé que c'est de celle-ci que jailliront les solutions que l'humanité appelle de ses vœux, et certainement pas de la survenance d'un homme – ni même d'une femme – providentiel (le).

Sans mon cheminement dans le développement personnel, rien de cela ne serait probablement arrivé. Il y a une bonne quinzaine d'années, j'étais encore salarié, cadre dirigeant en informatique. Une voie toute tracée. Seulement voilà : suite à un drame personnel, je me suis demandé ce que je voulais vraiment faire du reste de ma vie professionnelle. Et j'y ai apporté une réponse : devenir coach. Dès le premier séminaire de formation, je compris intuitivement qu'il y aurait un avant et un après. Que l'apprentissage de ce métier émergent ne serait rien, comparé à la transformation intérieure que j'allais vivre. Ou plutôt, que les deux seraient inextricablement liés.

De fait, j'ai exercé durant quelques années en tant que coach individuel. Peu de temps après, je me suis lancé dans l'écriture de mon premier roman. Et rapidement, je me suis intéressé à diverses approches collectives pour finalement « tomber en amour » avec le codéveloppement professionnel, une approche d'intelligence collective terriblement efficace[21]. Si bien qu'aujourd'hui, je me retrouve engagé dans ces deux métiers, et ai quasiment abandonné le coaching en face à face, donc une certaine forme d'accompagnement du développement personnel[22]. Je m'interroge : est-ce un hasard ?

« Ce qui ressemble au hasard, souvent, est un rendez-vous », écrit Francis Cabrel[23], et je n'ai pas besoin de m'interroger longtemps

---

21. Mise au point par les Canadiens Claude Champagne et Adrien Payette, à la fin du XXe siècle. À noter la parution en 2018 de l'ouvrage *Codéveloppement professionnel – guide du facilitateur* (Rodhain/Denayer/Margarita/Schacherer) aux éditions Yves Michel.

22. Je dis bien « une certaine forme d'accompagnement », car le codéveloppement permet, lui aussi, et dans une large mesure, le développement de la personne, mais dans ce cas, c'est par l'apport du collectif... Alternative intéressante et complémentaire à la relation traditionnelle du coaching, voire de la thérapie.

23. Francis Cabrel, *Mademoiselle l'aventure,* dans l'album *Des roses et des orties* (2008).

pour constater que mon parcours, au moins inconsciemment, a suivi un instinct qui, depuis le début, me souffle à l'oreille : « Le développement personnel est là pour être dépassé ». Il faut dire aussi que j'ai croisé trop de personnes « développées » (je ne dirais pas forcément « heureuses ») qui, comme du haut d'une montagne, se sont coupées de l'humanité, ce qui pour moi inclut nécessairement l'environnement, dont elle est partie intégrante.

Me vient le souvenir d'une supervision collective de coachs et thérapeutes professionnels où j'avais posé en début de journée, les larmes aux yeux, ma douleur pour la souffrance de notre Terre mère. J'ai été effaré d'entendre la réaction de notre superviseur, qui ressemblait à ceci : « Je peux comprendre… En même temps, tu devrais t'interroger sur l'impact que cela a sur toi ! ». L'incompréhension que j'ai vue, la souffrance que j'en ai ressentie ont trouvé réparation lorsque, des années plus tard, je lus un article de Joanna Macy qui disait en substance que dans l'état actuel des choses, il est fondamental de ressentir la souffrance de la Terre pour pouvoir nous connecter au chemin de réparation que nous lui devons[24].

---

24. Joanna Macy a développé « le travail qui relie », qui prône le reverdissement de l'être. *Écopsychologie pratique et rituels pour la terre,* Éditions du Souffle d'Or, 2016.

Mais qu'on ne s'y méprenne pas : si je postule que le développement personnel doit s'ouvrir à plus grand, l'inverse me semble tout aussi important ! Je me sens actuellement dans une période de turbulences, alimentée par ma croyance de plus en plus nette que l'effondrement de notre société est quasi certain (je ne parle pas nécessairement de la disparition de l'homme, et encore moins de celle de la Terre !) que nous le vivrons et que, si ce n'est le cas, ce le sera pour la génération de nos enfants. De fait, moi qui suis un optimiste de nature, par moments – de plus en plus fréquents – je prends peur, parfois jusqu'à l'invasion.

C'est là que le développement personnel m'est d'un grand secours : il m'aide à incarner que la peur n'évite pas le danger et même le rend plus probable, il m'aide à proposer à travers mon activité d'auteur les images d'un avenir désirable plutôt que d'entrer dans la noirceur ou le cynisme, ou encore à « remplacer la peur par l'amour », comme le dit Frédéric Lenoir… Autrement dit, le développement personnel m'aide à rester aligné et ainsi à faire ma « part de colibri » chère à Pierre Rabhi, ou à « être le changement que je souhaite pour le monde », comme y enjoignait Gandhi, et ainsi à « me préparer au pire, espérer et œuvrer pour le meilleur, et vivre le réel ».

– Se préparer au pire, c'est travailler sur la résilience. Peut-être que les « agissants » d'aujourd'hui œuvrent davantage pour « faire la trace » qui permettra de reconstruire à l'avenir, après l'incendie qui s'annonce, que pour éteindre l'incendie, car nul ne sait si c'est encore possible.
– Espérer le meilleur, c'est croire que « tant qu'il y a de la vie, il y a de l'espoir », que l'humain a la capacité de relever cet incroyable défi qui interroge sa propre survie, et tenter tout ce qui peut l'être. C'est la force de l'optimisme, mais un optimisme lucide et agissant.
– Vivre le réel, c'est être farouchement installé dans l'instant présent et jouir de la beauté incroyable de la Vie et de ce qu'elle nous propose. Car non seulement c'est plus agréable (pour soi et les autres) mais c'est un carburant pour l'action !

Nulle question dans mon propos d'opposer mais, au contraire, de réunir. Dans un essai remarquablement abordable, le philosophe Abdennour Bidar a illuminé mon ressenti, en posant le besoin impérieux de nourrir urgemment trois liens essentiels : le lien à soi, le lien aux autres, le lien à la nature[25]. Nous y sommes : le personnel, le social, l'écologique. Tous sur le même plan, de degrés d'importance équivalents.

Ce qui m'offre, sur un tapis rouge, l'occasion de conclure par un hommage à un grand Monsieur. Il y a dix ans, au Salon du livre de Paris, j'allai rencontrer un éditeur, avec sous le bras mon premier « roman initiatique » édité sur Internet, ainsi qu'un nouveau projet que je lui proposai. « Ce qui m'intéresse chez vous, me dit-il, c'est que je sens un équilibre entre développement personnel et conscience écologique, ce qui est trop rare ! » Quelques mois plus tard, j'allai lui rendre visite en son siège de Gap. Arrivé un peu en avance, je le vis enlacer les arbres du parking sans charme de sa maison d'édition. « T'es-tu régénéré de son énergie ? » lui demandai-je. « Non, je l'ai simplement salué », me répond-il. CQFD.

Merci, Yves. Pour ce que tu fais, autant que pour qui tu es.

25. Abdennour Bidar, *Les tisserands*, Éditions Les Liens Qui Libèrent, 2016.

Achevé d'imprimer en avril 2018
sur les presses de la Nouvelle Imprimerie Laballery
58500 Clamecy
Dépôt légal : mai 2018
Numéro d'impression : 804191

Imprimé en France

La Nouvelle Imprimerie Laballery est titulaire de la marque Imprim'Vert®